L'ENFER,
CE N'EST PAS
LES AUTRES !

Collection « Essais »

32, rue Cassette, 75006 Paris
www.editions-descartes.fr

ISBN 978-2-84446-106-3
3e édition : janvier 2008

Pages intérieures : graficdesign.net

Pierre Dockès

L'ENFER, CE N'EST PAS LES AUTRES !

Bref essai sur la mondialisation

Descartes & Cie

Sommaire

La mondialisation diabolisée 11

Gain de l'un n'est pas toujours perte de l'autre 19
Quand tout le monde gagne 21
Quand certains gagnent et d'autres perdent... 32

Le choc sur l'Europe de la mondialisation 49
Les échanges internationaux, cause mineure de la désindustrialisation 62
Déplacements des hommes et des capitaux : jusqu'ici ça va, mais demain ? 68
La question des délocalisations 76
Un système social avancé n'est pas un handicap 83

Changer pour résister 103
Économie de la connaissance et innovations 105

Croître, investir, s'adapter ! 109
Les politiques macroéconomiques,
le change, l'Europe 111
La place du volontarisme 116

**Régulation supranationale plutôt
que protectionnisme** 125
Tensions sociales et fausses solutions 126
Bloquer le *dumping* social et fiscal en Europe 129
Réguler à l'échelle mondiale 131

Le libre-échange ne garantit pas la paix 141

Bibliographie 151

La mondialisation diabolisée

Il est fréquent d'attribuer à la mondialisation des conséquences catastrophiques, pour les pays pauvres comme pour les pays développés.

En ce qui concerne les premiers, une telle position ne peut plus être soutenue aujourd'hui. Les pays émergents ont bénéficié massivement de la mondialisation des échanges et, depuis 1985, deux cents millions d'êtres humains sont sortis, en partie grâce à elle, de l'extrême pauvreté[1]. Les pays restés à la

1. Cela ne signifie pas l'absence de perte pour certains groupes sociaux. En ce qui concerne la destruction des agricultures vivrières, en Afrique en particulier, ce n'est pas le libre-échange qui est nuisible, mais au contraire le *dumping* agricole du Nord par les subventions accordées aux productions et aux exportations.

traîne se joignent à eux pour demander aux pays du Nord de respecter les règles du libre-échange. Si les pays émergents ont gagné, nombre d'esprits expéditifs en tirent la conclusion que les pays riches ont perdu.

En ce qui concerne la France, la mondialisation serait responsable du déclin industriel, des délocalisations d'entreprises, elle détruirait les emplois et réduirait les salaires, elle étendrait la précarité du travail, casserait le « modèle social », durcirait le pouvoir patronal. De son fait, alors que le taux de profit et la part des profits dans la valeur ajoutée augmentent, ceux-ci ne s'investiraient pas sur place, mais ces profits et les capitaux iraient développer les industries et créer des emplois dans les pays émergents. Ce discours est parfois le fait d'hommes et de femmes de gauche, pas seulement des « antimondialistes »[2]. En accusant ainsi la mondialisation n'apportent-ils pas de l'eau au moulin de ceux qui estiment nécessaire, pour s'y adapter, d'abandonner le « modèle social » européen, de baisser les salaires

2. Quant à « l'altermondialisme », tout dépend de quelle autre mondialisation il s'agit. S'il s'agit de créer des institutions efficientes et équitables, de renforcer les régulations, en particulier sur les mouvements de capitaux, d'imposer des normes à l'échelle mondiale (cf. infra), cela irait dans le bon sens.

afin de sauver la compétitivité des entreprises nationales et l'emploi ?

En effet, de l'autre bord, nombre d'économistes se réclamant du libéralisme, les milieux patronaux, les hommes politiques de droite instrumentalisent la mondialisation pour en faire une sorte d'épouvantail. Ils livrent un catalogue de mesures ou de réformes nécessaires à la compétitivité des entreprises. Sans elles, affirment-ils, l'emploi s'effondrera, particulièrement dans l'industrie, les entreprises se délocaliseront vers la Chine ou les Indes tandis que les salariés hautement qualifiés et mobiles émigreront vers l'Angleterre, l'Irlande ou les États-Unis.

La peur redouble lorsque les uns et les autres observent que les pays émergents ajoutent à des salaires faibles et à une masse considérable de chômeurs, à des pratiques légales de *sweat shop*[3], une capacité à obtenir une productivité comparable à celle des pays développés. En outre, soulignent-ils, il existe des « havres » sociaux, fiscaux et de pollution vers lesquels toutes les activités mobiles convergeraient. Comment les entreprises de la « vieille Europe » pourraient-elles tenir ? Elles ne lutteraient pas à armes égales

3. Expression typique du XIXe siècle pour désigner les entreprises où les travailleurs sont surexploités, littéralement entreprises de sueur.

dans la compétition mondiale, car elles seraient lestées par un État fiscalement et socialement trop lourd. Et la peur de la mondialisation est alors utilisée comme un levier pour éliminer les contraintes et les pesanteurs, casser le « modèle social ».

Le catalogue des réformes libérales destinées à s'adapter à la mondialisation est connu. D'une part, il faut contenir les salaires et baisser les charges patronales assises sur eux, supprimer le Smic, allonger le travail et le flexibiliser en réformant le droit du travail dans le sens d'une plus grande permissivité des licenciements tout en enlevant au juge le droit de regard sur ceux-ci, limiter le pouvoir des syndicats, renoncer à notre modèle social. D'autre part, il convient de réduire les dépenses de l'État, d'abaisser ou de supprimer les impôts sur l'héritage, les grandes fortunes et les bénéfices des entreprises, de finir de privatiser les services publics. C'est seulement par ces réformes structurelles que, dans la guerre économique mondiale, l'économie française pourrait tirer son épingle du jeu. Ce catalogue se présente comme destiné à armer la France dans la compétition mais il est avant tout un programme de redistribution de la valeur ajoutée au profit du capital qui ne peut que développer les frustrations sociales. En cela, il renforce le courant protectionniste : ces libéraux sont « l'allié objectif » de l'antimondialisation, et réciproquement.

La mondialisation est donc devenue la grande peur du XXIe siècle.

Et si la mondialisation n'était pas, en elle-même, si dangereuse pour les économies anciennement développées ? Et si le modèle social français n'était pas un obstacle à une bonne insertion dans l'économie mondiale ? Certes, le chômage reste important, la croissance de la productivité faible, le taux d'investissement médiocre, les industries manufacturières souvent en difficulté. Mais tout cela n'est pas le simple résultat du libre-échange des marchandises et du libre déplacement des capitaux. Cela résulte de facteurs internes à la France et à l'Europe, des politiques macroéconomiques trop restrictives, exercées longtemps, de politiques contreproductives d'adaptation à la mondialisation. Certes, la mondialisation forme, en quelque sorte, une caisse de résonance, les conséquences des faiblesses internes en sont démultipliées et la sévérité des crises accrue, mais l'essentiel se joue dans les relations intra européennes : le commerce extérieur européen est en grande partie un commerce « intérieur » (de même pour les déplacements de capitaux) puisqu'il est tourné à plus de 70 % vers les nations européennes.

Or un processus particulièrement néfaste se développe entre pays européens. L'unification monétaire a bloqué la possibilité de l'adaptation par les taux de change (du moins pour la zone euro) et laissé ouverte la possibilité du *dumping* par la concurrence sociale, fiscale et les politiques macro-économiques. Alors qu'une politique coordonnée par un gouvernement économique serait la bonne solution, faute d'un accord, chaque pays cherche à obtenir un avantage compétitif par une stratégie du « moins disant » social et fiscal, stratégies nuisibles à l'ensemble de la communauté européenne, donc finalement à ceux qui les mettent en œuvre – on parle d'une situation de type « dilemme du prisonnier » [4]. Ces politiques n'ont pas d'effet quant à la concurrence des pays émergents, elles ont souvent comme finalité la modification de la répartition profit-salaire et non l'augmentation de la productivité. Les institutions européennes les tolèrent. Elles sont, objectivement, *la* politique européenne.

4. Faute d'un accord de paix (ici de coopération sociale, fiscale et des politiques macroéconomiques) garanti par un pouvoir supérieur, les joueurs sont pratiquement dans l'obligation de mener une politique agressive (ici de concurrence sociale et fiscale) pour éviter les conséquences hautement négatives de la mise en œuvre de telles politiques par les autres joueurs lorsqu'on ne la met pas en œuvre soi-même.

La mondialisation n'est pas coupable. Tel est le titre choisi en français pour le livre de P. Krugman, *Pop internationalism* (1997). Le célèbre économiste de gauche, polémiste rigoureux du *New York Times*, y attaquait ceux qui développaient des idées « populistes » négligeant les théories économiques les plus simples. L'économie-pop serait la doctrine de tous ceux, « libéraux » ou « conservateurs » (au sens américain), qui raisonnent en termes de guerre économique entre nations, assimilent la nation à une entreprise, affirment que « ce que l'un gagne l'autre le perd », expliquent la désindustrialisation, les pertes d'emplois, les baisses des salaires des moins qualifiés, la faiblesse des gains de productivité des États-Unis – il écrit au début des années quatre-vingt-dix – par cette compétition internationale, montrant du doigt successivement le Japon, le Mexique, la Chine.

P. Krugman montre que les problèmes des États-Unis sont essentiellement internes et résultent peu de la compétition internationale. Douze ou treize ans plus tard, on s'aperçoit que Krugman avait raison de ne pas s'inquiéter de la mondialisation puisqu'en termes de croissance de la productivité, les États-Unis ont relativement bien réussi malgré la globalisation. Cela ne signifie pas que les évolutions récentes en termes de croissance des inégalités, de faiblesse de l'épargne, de déficit de la balance commerciale, de système scolaire (Mistral, Salzmann, 2006) ne soient pas lourdes de menaces pour l'avenir, mais elles ont surtout des causes internes.

Loin de la *pop-economics* et de ses demi-vérités (ou ses demi-mensonges), il nous faut rappeler d'abord certains résultats de la théorie économique pour ne pas survaloriser les effets négatifs de la mondialisation. Entre 1973 et 1989 nous entrons dans le monde contemporain : 1973, rupture du rythme de croissance ; 1989, année de l'effondrement du communisme et de l'élargissement de la sphère capitaliste à l'ensemble de la planète. Dès les années quatre-vingt-dix, le processus de mondialisation ébauché dans les décennies précédentes trouve son second souffle et prend toute son ampleur. Relativiser ses conséquences sur l'économie française et européenne et montrer que nos faiblesses sont d'abord d'ordre interne sera notre propos. Nous terminerons en montrant que l'absence de régulation est source d'inefficience et d'instabilité, mais que la pire des solutions serait de revenir au protectionnisme.

Gain de l'un n'est pas toujours perte de l'autre

Il ne faut pas voir seulement dans les relations économiques mondialisées une guerre économique – en vertu du principe mercantiliste, « il n'est de gain que de perte de l'autre » que l'on trouve aussi bien chez Montaigne que chez Bodin et qui résume la pensée d'un Colbert. En effet, l'échange permet généralement à tous les participants un gain « contre la nature » ; en outre, il est souvent considéré comme un facteur de paix. David Hume pensait que, grâce au commerce, l'Angleterre gagnait à l'enrichissement de ses voisins, « même de la France », ajoutait-il !

La conflictualité économique internationale ne peut cependant être évacuée d'un trait de plume.

Si les échanges entre les nations sont généralement

« gagnants-gagnants », le coût de l'adaptation peut être élevé et l'une peut gagner relativement à l'autre. Il est même des situations où « ce que l'une gagne, l'autre le perd ». La mondialisation n'est pas qu'un « tigre de papier », elle peut être dangereuse pour certaines nations.

D'abord parce qu'une nation peut gagner stratégiquement au détriment d'une autre, créer un avantage comparatif.

Ensuite parce que certains pays gagnent plus que d'autres, se développant dès lors parfois très rapidement. Or, même si on ne peut que se réjouir de voir les hommes sortir de la misère et entrer dans l'ère de la prospérité, même si économiquement il est satisfaisant de voir s'enrichir ses partenaires commerciaux, il reste qu'*en termes de puissance*, il n'en va pas de même. Sur le terrain économique, le développement rapide de la Chine sera, est déjà, globalement bénéfique aux habitants des États-Unis, de l'Europe et (pour paraphraser Hume) « même du Japon ». Mais il remet évidemment en question les équilibres politiques, surtout en Extrême-Orient. L'histoire est faite de cette volonté de puissance ou de domination de nations émergentes, surtout lorsqu'elles n'étaient pas démocratiques (Allemagne dès 1871, Japon dès 1905, Union soviétique).

Finalement le protectionnisme, justifié dans certains cas, est un remède souvent pire que le mal. Même si parfois il soulage à court terme, il peut affaiblir à long terme.

Quand tout le monde gagne

Les avantages tirés du développement des échanges par tous les participants sont de deux types, les premiers sont politiques, les seconds sont économiques et, à la base, on trouve les gains tirés de l'extension de la division du travail. Cependant l'adaptation est coûteuse pour certains, individus ou groupes sociaux, entreprises ou secteurs productifs. Si un nouvel équilibre est finalement trouvé, s'il est plus avantageux que l'ancien, dans l'intervalle la situation de déséquilibre peut être difficile.

L'échange crée des liens sociaux. Il fait se rencontrer les hommes, crée des habitudes de négociations et de compromis. C'est l'idée du « doux commerce » introduite en France par Montesquieu. Elle n'aura pas, cependant, dans notre pays, l'écho qu'elle a eu en Angleterre où elle inspirera la vision anglo-saxonne du commerce et de son organisation mondiale. Elle aboutira à l'idée, soutenue récemment (Fukuyama), qu'en ajoutant la démocratie à la liberté des échanges, on peut réaliser la paix générale et durable.

Contre le « doux commerce » de Montesquieu, s'élève la théorie hobbésienne de la « guerre de tous contre tous » à l'état de nature : même si la coopération, le commerce, les contrats sont bénéfiques à tous, une situation de type dilemme du prisonnier peut conduire chacun à « prendre l'offensive » et à choisir la guerre, surtout lorsque l'on est en présence de passions comparatives (jalousie, envie). Le commerce ne fait pas un lien suffisant, il faut quelque chose en plus qui fasse tenir le lien, et c'est l'État. En son absence, selon Hobbes, l'état de nature ne peut que se perpétuer à l'échelle mondiale – et il ne s'agit pas de simple « gouvernance mondiale », mais d'un pouvoir de répression. Il faut reconnaître que les espérances du « doux commerce » doivent être relativisées et que le développement d'institutions régulatrices supranationales, amorce d'un pouvoir cosmopolitique, s'impose.

Les gains réciproques

La compétition transnationale n'est pas fondamentalement un jeu à somme nulle comme le suppose la doctrine mercantiliste. L'échange produit des gains potentiellement pour tous. Krugman observe que, deux cents ans après que Ricardo eut élaboré la théorie des coûts comparatifs, les « économistes pop » ne comprennent toujours pas qu'un pays dont les coûts de production sont plus élevés dans toutes les activités se spécialisera néanmoins avantageusement dans celles pour lesquelles ses coûts sont relativement les moins élevés. Dès lors, le gain procuré par l'échange international est comparable à celui d'un progrès technique.

Plus précisément, la théorie économique distingue deux situations classiques :

– le cas ricardien lorsque chaque pays se spécialise avantageusement pour le produit pour lequel sa productivité est relativement la plus élevée (ou la moins faible) ; – le cas Heckscher-Ohlin-Samuelson (HOS) lorsque chaque pays se spécialise avantageusement dans la production du bien qui utilise relativement plus du facteur de production dont il dispose relativement en abondance, que ce soit le capital, le travail ou, aujourd'hui, le travail qualifié [5], les connaissances ou les capacités innovatrices [6].

Le mot important est relativement (il s'agit de coûts comparatifs) à l'image de cet individu qui serait le meilleur à la fois au football et au rugby, mais qui se spécialise là où son avantage relatif est le plus grand (disons le football), abandonnant l'activité sportive où il est relativement le moins bon (le rugby) à son concurrent. Une nation qui a des coûts moins élevés pour toutes les productions (avantage absolu) n'éliminera donc pas ses concurrents.

Cela repose sur les avantages tirés de la division du travail (ici la division internationale du travail) et sur l'idée que le commerce international étant un échange, *les exportations sont d'abord le moyen de paiement des importations.* Certes, il peut y avoir des

5. La notion de travail qualifié n'est pas simple. S'il s'agit toujours d'un travail complexe qui suppose des savoir-faire techniques et des connaissances appliquées, donc des années d'études et d'apprentissage (mais la durée de la formation ne suffit pas à faire la qualification), cette notion de complexité doit être précisée. Il s'agit d'un travail rare – souvent, lorsqu'il est complexe, il est rare, mais pas toujours du fait de formations pléthoriques – et recherché, d'où sa nécessaire adéquation avec des productions de biens ou services demandés (une demande aujourd'hui souvent mondialisée). Mais l'évolution très rapide des techniques et des biens suppose enfin que ce travail soit hautement adaptable au changement. Complexe, spécialisé, demandé et adaptable, c'est un peu la quadrature du cercle.
6. On montre que ce n'est pas seulement vrai pour deux pays.

balances commerciales excédentaires ou déficitaires, mais tout étudiant en économie sait que l'excédent de la balance commerciale d'un pays n'est possible que parce que l'épargne y est supérieure à l'investissement : elle accumule alors des créances sur le reste du monde – réserves d'or ou de monnaie internationale, sortie de capitaux. Inversement, un déficit commercial suppose que l'épargne soit insuffisante par rapport à l'investissement – le reste du monde accumule des créances sur ce pays.

Cela ne fait pas disparaître tous les problèmes. Tout particulièrement si tel pays a une monnaie durablement surévaluée (en l'absence d'un système efficace de retour à l'équilibre[7]), ses exportations sont trop chères (les volumes exportés se réduisent) et ses importations trop bon marché (les volumes importés s'accroissent), d'où une réduction de l'activité productive nationale et donc de l'emploi.

Au-delà des avantages comparatifs, le libre-échange génère encore d'autres gains :

– l'élargissement du marché permet des économies d'échelle pour tous les participants ;

7. Change flexible ou, si les changes sont fixes, *via* les variations de prix induites par les entrées ou sorties d'or ou de devises ou *via* les variations de revenus (la récession dans le pays à monnaie surévaluée abaissant les revenus et réduisant ses importations).

– la concurrence renforcée est émulatrice. Elle force les entreprises à des efforts de qualité, de diversification et d'innovation ;

– la libre circulation des marchandises facilite celle des hommes, celle des informations, des connaissances, les transferts technologiques ;

– les déplacements des capitaux suivent ceux des marchandises et les pays dont la balance commerciale est excédentaire sont exportateurs de capitaux ; cela a souvent bénéficié aux pays en développement.

Illustrons notre propos par l'exemple de la Chine. Aujourd'hui, sa croissance très rapide inquiète au point de devenir, pour certains, un « cauchemar » (Cohen, Richard, 2005). La productivité s'y accroît rapidement (elle a triplé en dix ans) et les salaires y restent très faibles – et durablement du fait d'un chômage immense, « l'armée de réserve industrielle » dont parle Marx. Ne devrait-elle pas absorber l'activité du monde, écraser les industries occidentales, au moins toutes les activités manufacturières, produire ces biens pour le monde entier, accroître indéfiniment ses exportations ? Non ! D'abord si les coûts salariaux horaires y sont vingt fois moins élevés qu'en France, au Japon ou au Royaume-Uni, la productivité d'un salarié du secteur manufacturier y est, en moyenne, dix fois plus faible [8]. Mais surtout la Chine exporte les biens pour lesquels elle a le plus grand avantage comparatif – production intensive en travail, travail peu qualifié – et doit importer ceux pour lesquels son avantage est le plus faible. Si elle disposait d'un avantage comparatif pour toute l'industrie, on pourrait imaginer qu'elle se spécialise dans cette activité générale, sa taille – 20 % de la population mondiale – lui permettant de devenir l'unique atelier du monde. Mais l'industrie n'est pas homogène. Certaines branches industrielles sont intensives en capital technique, d'autres en travail qualifié, de nombreuses en progrès technique. Il y a donc place pour des exportations industrielles des pays avancés [9].

En d'autres termes, si la Chine est un concurrent, elle est aussi un marché immense pour les industries qui produisent des machines et équipements divers, pour l'aéronautique, les nouvelles technologies de l'information et de la communication, les biotechnologies, les biens de haute qualité et de luxe,

8. Coût horaire 0,60 $ (mais il faut tenir compte des avantages en nature) contre 20 $ pour les pays cités (Bureau of Labor Statistics, 2004).
9. On estime que la Chine qui, en 2006, représente 8,5 % de l'industrie manufacturière mondiale devrait atteindre 20 % vers 2030.

pour de nombreux services également. En outre, ces activités forment des spécialisations généralement plus avantageuses que les fractions de la vieille industrie manufacturière qui ont été ou seront abandonnées. Enfin la Chine ne peut accroître son excédent commercial au-delà de l'écart déflationniste interne – le taux d'épargne chinois est tellement élevé, 40 %, qu'il dépasse de quelques points son taux d'investissement considérable, et il est probable qu'elle ne pourra pas maintenir durablement ce taux d'épargne exorbitant et devra finir par consommer davantage – cela passera probablement par d'importants mouvements sociaux.

« N'ayez pas peur de la mondialisation ! », tel était le message du pape de l'économie, il y a deux cents ans. Ne cherchons pas à mener une guerre économique en concurrençant sur leur terrain les pays à faibles coûts salariaux, à précarité généralisée du travail, sans services publics ni protection sociale. Chercher à les rattraper « à la baisse » par des politiques déflationnistes de toute nature est contre-productif. Le commerce international est avantageux pour des pays aux systèmes institutionnels, sociaux et fiscaux différents, comme entre pays aux technologies diverses et hiérarchisées ou aux dotations en facteurs différentes. L'échange se nourrit des différences et il est d'autant plus avantageux que celles-ci sont grandes.

Ayant rappelé cela, si l'optimisme mondialiste peut s'appuyer sur les avantages comparatifs, il s'agit d'une explication incomplète des échanges internationaux.

Une vision (trop) idyllique

La conception ricardienne a un aspect *wonderland*. Les avantages réciproques de la mondialisation mettent souvent du temps à être réalisés. Dans l'intervalle, le coût du changement peut être élevé économiquement et socialement dans la mesure où, comme l'innovation, la spécialisation est une destruction créatrice. L'ouverture brutale des échanges qui fait passer une nation d'un état complexe à une situation spécialisée produit une crise sectorielle dont la résolution suppose le difficile et coûteux déplacement des capitaux et de la main d'œuvre d'un secteur à l'autre – mais le retour brutal à la protection peut produire le même effet.

Ce qui est vrai des secteurs l'est également des régions ou des bassins d'emploi. L'effet positif de la concurrence accrue se paye par une sélection plus sévère des entreprises. Seules les unités de production les plus efficientes résistent et la fermeture de celles qui le sont moins est souvent dramatique pour certaines régions surtout lorsque se produisent localement des effondrements en château de cartes du fait des interdépendances industrielles et de la disparition des économies externes.

Lorsque la crise atteint un secteur important, comme l'activité agricole ou manufacturière dans son ensemble, elle peut dégénérer en une crise générale, le chômage et la paupérisation des salariés d'un secteur retentissant sur les activités des autres secteurs. Ce qui est vrai pour un secteur l'est également pour une région.

Le déplacement des facteurs de production d'un secteur à l'autre (ou dans l'espace) pose de redoutables problèmes tant les coûts du changement sont élevés – des coûts économiques, sociaux et également psychologiques. Certes, le passage d'un secteur à l'autre (ou d'une région à l'autre) du capital est plus facile que celui du travail. Mais si le capital est relativement mobile, il ne l'est pas totalement dans la mesure où il est des coûts irrécouvrables, que les entrepreneurs ne changent pas d'activités sans de longues et délicates préparations qui demandent du temps et de l'argent. Et cette mobilité même pose problème puisque le capital peut opter pour une délocalisation plutôt que pour un déplacement sectoriel.

Le cas des salariés hautement qualifiés, à haut revenu, à la culture et à l'insertion déjà mondialisée, n'est pas très différent. Dans la mesure où ils sont mobiles, ils peuvent aussi bien se déplacer dans l'espace mondial que d'une entreprise, d'un secteur ou d'une région à l'autre. En revanche, l'adaptation des travailleurs à qualification faible ou « enchâssée » dans une entreprise ou un secteur particulier est plus difficile. « De toutes les marchandises, disait A. Smith, l'homme est la plus difficile à déplacer ».

Finalement, si Ricardo a raison à long terme, l'équilibre devant être finalement retrouvé par la substitution d'activités, entre deux équilibres le taux de croissance peut diminuer et le chômage augmenter. Or, dans un monde perpétuellement changeant, l'équilibre n'est jamais atteint ; à peine entrevu, il est déjà ruiné par une nouvelle transformation, de nouvelles spécialisations.

D'où la nécessaire malléabilité du système. Celle des entrepreneurs qui doivent rapidement déplacer leurs activités, décomposer et recomposer la chaîne de création de la valeur ajoutée, créer de nouveaux emplois. Celle des salariés qui doivent être capables de changer rapidement d'emploi, de s'adapter à d'autres types de travaux, à d'autres conditions de travail, à d'autres lieux de travail, mais à condition que ces nouveaux emplois soient créés. La flexibilité systémique ne doit pas être une flexibilité vers le chômage. Et la sécurité n'est pas toujours l'ennemi de la flexibilité (d'où le néologisme de « flex-sécurité »). S'il y a une sécurisation sclérosante, celle qui attache un homme ou une femme à un emploi donné, ou à l'état de chômeur, inversement l'insécurité est cause de crispation sur l'emploi, d'une absence de mobilité, d'un refus de l'innovation. D'un côté les indemnités – chômage peuvent inciter à prolonger indûment la période d'inactivité, de l'autre, elles permettent de financer une mobilité efficace.

Quand certains gagnent et d'autres perdent...

Même si la mondialisation finit par être bénéfique à tous les pays, certains gagnent plus que d'autres. Comme lors d'un progrès technique, il y a destruction créatrice. Et, à l'intérieur de chaque pays, il y a des gagnants et des perdants, et pas seulement pendant la période d'adaptation. L'ouverture est supérieure à la fermeture, mais elle n'est pas sans problèmes.

Les « passions comparatives » et la puissance

Si certains gagnent plus que d'autres, les hiérarchies se modifient à l'échelle mondiale. Nous pourrions admettre que, même si une nation gagne peu et que ses voisins gagnent beaucoup, la première a malgré tout intérêt à jouer ce jeu échangiste. Si l'Inde et la Chine connaissent une croissance rapide, c'est en soi une bonne nouvelle puisque des milliards d'êtres humains sortent de la pauvreté et ce n'est pas au détriment du produit par tête en Europe ou aux États-Unis, au contraire. Mais chacun va chercher, au détriment relatif de l'autre, à capter la fraction la plus élevée du gain à l'échange. Les hommes comme les nations aiment à se comparer ; l'envie, la jalousie ne sont pas seulement des sentiments individuels, ils sont aussi des phénomènes collectifs.

À côté de la richesse et du bien-être, il faut donner toute sa place à la puissance. Dès lors, la logique hobbésienne est à l'œuvre. Si l'on introduit les passions comparatives et les jeux de pouvoir et de rang, comment ne seraient pas mises en œuvre des politiques agressives ? Grâce aux Actes de navigation, l'Angleterre s'est dotée de la marine marchande, et finalement aussi de guerre, qui lui a assuré puissance commerciale et militaire. De même, l'industrie a donné aux peuples qui ont pu privilégier cette spécialisation un avantage décisif en termes de puissance militaire. Pour développer ce type d'activité – si elle n'est pas sélectionnée par les avantages comparatifs – il faut mettre en œuvre une politique industrielle et de protection. *Les nations ne peuvent abandonner les moyens de leur puissance et donc aujourd'hui la haute technologie.*

La construction des avantages comparatifs et les externalités

Les avantages comparatifs ne sont pas toujours des données. Ils peuvent être construits à l'abri de frontières protectionnistes ou par des politiques volontaristes de subvention de certaines activités. Tel est le cas lorsqu'il existe des rendements croissants [10], particulièrement du fait de l'existence de coûts fixes et de la présence d'externalités positives.

10. Les rendements d'échelle sont croissants lorsque, si on double tous les facteurs de production (disons la taille de l'entreprise), la production fait plus que doubler, d'où des coûts unitaires décroissants et les productivités du capital et du travail ne diminuent donc pas avec l'accroissement des quantités de capital ou de travail. Lorsque des coûts fixes existent, le fait d'augmenter la production réduit évidemment le coût unitaire.

De telles externalités apparaissent lorsque le seul fait de se livrer à une activité produit gratuitement pour d'autres activités (d'autres entreprises) un avantage productif[11] : tout se passe comme si ces dernières bénéficiaient d'un facteur de production gratuit, d'où des rendements croissants[12]. Un des cas les plus fréquents de la formation d'externalités est la production de connaissances dont chacun peut profiter plus ou moins gratuitement.

Si les rendements sont croissants, la spécialisation est d'autant plus fructueuse qu'elle débouche sur des économies d'échelle, donc des coûts et des prix décroissants. Mais elle est auto-renforçante puisque le fait de se spécialiser dans telle activité est cause de la baisse des coûts, donc d'un renforcement de la compétitivité. Il suffit donc de se donner artificiellement (subvention) un petit avantage comparatif pour qu'il se renforce et permette d'abandonner les béquilles initiales. D'où aussi l'intérêt pour un pays disposant d'un grand marché intérieur de

11. Un exemple classique est celui des externalités croisées entre l'apiculteur et l'horticulteur, les abeilles du premier fécondant les fleurs du second et celles-ci favorisant le travail des abeilles du premier. Inversement la pollution est une externalité négative.
12. Si l'apiculteur et l'horticulteur doublent leurs exploitations, leurs coûts unitaires baisseront du fait des externalités dégagées.

développer son industrie à l'abri de la concurrence internationale afin de faire baisser ses coûts avant d'affronter la concurrence mondiale. La théorie Hamilton-List-Carey repose sur cette base. Dans le cours de son cycle de vie, une industrie connaîtrait une première phase de rendements croissants. Comme il y a des coûts fixes, il faut pouvoir produire suffisamment – grâce à un marché intérieur protégé – pour réduire les coûts et être capable de concurrencer les industries étrangères qui, parties plus tôt, ont déjà atteint un stade de coûts réduits.

La nouvelle théorie du commerce international se construit sur l'idée des avantages comparatifs construits. Le raisonnement se fait en concurrence imparfaite avec des économies externes qui se développent dans l'entreprise ou entre des entreprises de la même nation et ne profitent pas à l'extérieur. On peut citer les cas des investissements en R&D qui ne peuvent être entièrement appropriés par l'entreprise qui les fait ou des investissements en connaissances ou en savoir-faire qui produisent des économies externes dans leur entourage, sur le territoire national.

À notre époque où les innovations technologiques et le développement des connaissances jouent un rôle essentiel, une politique volontariste qui les subventionne peut produire des retombées positives dans d'autres entreprises ou branches nationales et construire des avantages comparatifs croissants, interdisant aux autres pays de venir les concurrencer. Il y a formation de spécialisations irréversibles, productrices d'externalités diverses importantes pour la nation au détriment d'autres nations qui auraient pu, à l'origine, les obtenir. Il ne s'agit plus seulement de coûts décroissants, la production des connaissances se fait sur la base des connaissances acquises et leur circulation dans des sphères géographiquement localisées, les futures innovations technologiques sont monopolisées tandis que se développent des formes de verrouillage (*lock in*) interdisant l'entrée de nouveaux venus. Dans les nouvelles technologies de l'information ou dans les biotechnologies, les États-Unis ont acquis une avance qui ne peut plus être comblée, si ce n'est par des politiques volontaristes de plus en plus coûteuses.

À cela s'ajoutent les formes classiques de concurrence stratégique lorsque, pour prendre un cas très simple, il n'y a pas de place pour deux entreprises à l'échelle mondiale produisant le même bien – le premier entrant fait des bénéfices tant qu'il est seul, le second ne peut que faire des pertes, et amener le premier à perdre également. Le premier à « jouer » est normalement gagnant (le second n'entre pas), mais si l'autre entreprise, par l'intermédiaire de subventions publiques garanties, réussit à s'engager de façon crédible à jouer de toute manière, c'est elle qui l'emportera, la première pouvant être dissuadée d'agir.

Le vieux débat sur les avantages de l'état complexe est réactualisé sur le terrain théorique par la prise en compte des externalités et sur le terrain pratique par la faiblesse des coûts de transport. La non prise en compte par le marché des externalités négatives et positives, le mauvais fonctionnement du marché, les relations intrafirmes non marchandes privilégiées par les grandes entreprises peuvent conduire l'État à encourager la diversification dans la sphère locale, régionale ou nationale. Si, pour reprendre le cas d'école fameux, l'apiculteur est localisé en Chine et l'horticulteur en Argentine, il y a peu de chance de voir se développer ces précieuses externalités. La concentration d'activités dans des *clusters* ou des *Silicon Valley*, produit des effets positifs de circulation des connaissances. Il ne s'agit pas seulement de concentration de diverses petites spécialisations au sein d'une même activité (NTIC, biotechnologies), mais aussi d'activités de production de biens différents développant entre eux des synergies diverses.

Les coûts pour les salariés peu qualifiés

Les conséquences du commerce international peuvent être douloureuses pour les salariés des pays avancés, en termes d'emploi et de salaire. Si l'on prend en compte les déplacements de capitaux et les délocalisations d'entreprises, il pourrait y avoir une pression à la baisse des salaires dans ces pays.

Même en l'absence de tout déplacement international des facteurs, le commerce international modifie la rémunération de ces facteurs. Si le prix relatif des biens capitalistiques par rapport aux biens à fort coefficient de main-d'œuvre s'élève dans un pays, il y aura hausse du taux de profit et baisse du taux de salaire, au moins en termes relatifs [13]. Il s'en déduit le théorème de l'égalisation internationale des prix factoriels (le taux de salaires et le taux de profit).

En effet, prenons la situation d'un pays relativement riche en capital – le taux de profit y est faible – et pauvre en travail – les salaires y sont relativement élevés. Si le commerce international s'ouvre largement avec un pays aux dotations inversées, le premier se spécialisera en biens capitalistiques,

13. C'est le théorème Stolper-Samuelson.

le second en biens utilisant beaucoup de travail. Dès lors le prix relatif du bien capitalistique s'élèvera dans le premier, d'où une hausse du taux de profit et une baisse du taux de salaire (et inversement dans l'autre pays). Il y aura donc une tendance à l'égalisation internationale des salaires et du taux de profit, même si le capital et le travail sont immobiles.

Un phénomène de même nature joue si l'on considère deux types de travail, le travail qualifié et le travail simple. Le pays relativement riche en travail qualifié se spécialisera dans la production des biens qui réclament surtout ce type de travail (*vice-versa* pour le pays relativement riche en travail simple). Résultat : les rémunérations des salariés hautement qualifiés augmenteront dans le pays qui en dispose relativement abondamment (disons les États-Unis), mais le salaire du travailleur simple y baissera (et inversement dans l'autre pays, disons l'Inde) [14].

---

14. On peut même ajouter, en compliquant un peu le schéma, que si le pays qui utilise intensivement le capital (ou du travail hautement qualifié) a en outre un avantage technologique comparatif dans cette production, le profit (ou les rémunérations des travailleurs très qualifiés) tendra à monter encore davantage et le salaire (ou le salaire du travailleur simple) à baisser d'autant plus (Cheng, Sachs, Yank, 1999).

Les preuves empiriques de l'égalisation des prix des facteurs travail et capital font cependant défaut. Il faudrait que le commerce entre les pays soit relativement important par rapport aux transactions internes. L'effet est cependant plus marqué en ce qui concerne le travail simple et le travail qualifié. Mais si la mondialisation accompagne aux États-Unis – et moins fortement en Europe – une modification de la répartition en faveur des rémunérations des salariés hautement qualifiés (Mistral, Salzmann, 2006), on ne peut incriminer seulement les spécialisations internationales dans la mesure où l'essentiel est que les consommateurs demandent de plus en plus les produits à base de connaissances, de moins en moins les produits du travail simple.

Ajoutons que l'opposition « travail simple – travail complexe » n'est plus aujourd'hui aussi pertinente avec la fragmentation du processus de production, les entreprises achetant de plus en plus souvent des services productifs ou des produits semi-finis dans les pays émergents. Or ceux-ci sont souvent devenus compétitifs sur des créneaux qualifiés. Comme, d'autre part, il y a une fraction importante de l'emploi peu qualifié qui n'est pas délocalisable, il n'est pas aussi clair que les gagnants soient les qualifiés, les perdants les non qualifiés : les services informatiques ou comptables ne sont-ils pas aujourd'hui moins à l'abri que les employés d'entretien ou de sécurité ?

Les flux de capitaux, la fuite des hommes les plus qualifiés

Les déplacements des capitaux, la « fuite » des hommes les plus qualifiés ou les plus entreprenants, les délocalisations des entreprises font peur. Non sans raisons. Si Ricardo a démontré qu'un pays, même avec des coûts plus élevés pour toutes les productions, ne peut que gagner à la spécialisation internationale, il ajoutait : tant que le capital national n'est pas entamé – le capital étant défini d'abord comme le *fonds* qui salarie les hommes, ce qui leur donne un emploi productif, et aussi, bien sûr, ce qui permet d'acheter les équipements. Dans un tel schéma, si les hommes, les capitaux et les entreprises se déplacent, ils iront vers le pays dont la technique productive est supérieure pour les deux biens – sauf pour l'autre pays à importer l'efficience technologique. Un tel processus de destruction ou de déplacement du capital a été et est encore souvent à l'œuvre dans les relations internes à un pays, d'où des phénomènes de désertifications régionales.

À l'échelle globale, tel est également le cas lorsque des travailleurs qualifiés ou des capitaux se déplacent vers les pays les plus avancés.

Aujourd'hui, dans les pays les plus développés, on craint surtout que le capital se déplace vers des pays émergents où la productivité est globalement encore relativement faible, mais où les salaires le sont davantage. En présence de tels déplacements, le stock de capital du pays avancé diminue et l'activité économique et l'emploi s'y réduisent également. Mais les capitaux vont-ils massivement des pays avancés vers les pays en développement, du Nord au Sud ?

Dans un monde théorique simplifié et idyllique où les marchés des capitaux se comporteraient bien, l'allocation de l'épargne à l'échelle mondiale devrait se faire de façon à la fois efficiente et conforme à une certaine idée de la justice. Les pays qui en ont le plus besoin – les pays pauvres qui ont peu de capital et où la productivité marginale de ce facteur devrait être relativement élevée par rapport à celle du travail relativement abondant – en bénéficieraient en priorité. On devrait alors s'attendre à ce que les flux de capitaux aillent des pays riches vers les pays pauvres et que, dès lors, ces flux produisent une tendance à l'égalisation internationale des prix des facteurs, donc des salaires et des taux de profit, venant ainsi renforcer les effets des échanges internationaux de produits. Ce processus serait une des explications de la tendance à la stagnation des salaires dans les pays avancés, surtout des salaires des moins qualifiés, et les salariés de ces pays auraient alors une raison de craindre ces flux de capitaux et inversement pour les salariés des pays pauvres.

Heureusement pour les salariés des pays avancés, ou malheureusement pour les salariés des pays moins avancés, ce n'est pas le cas. Si les pays émergents sont de plus en plus impliqués dans la circulation transnationale des capitaux, celle-ci reste pour l'essentiel entre grands pays développés et se fait même largement des pays en développement ou émergents vers les pays avancés.

De plus, les déplacements internationaux des capitaux et des travailleurs, particulièrement des travailleurs qualifiés, ne sont pas toujours nuisibles aux pays qu'ils quittent. C'est le cas lorsqu'il y a soit trop d'hommes pour les capacités productives (l'Irlande au XIXe siècle ou les pays d'émigration comme l'Afrique aujourd'hui), soit surabondance de capitaux, d'où des taux de profit trop faibles, voire trop-plein des deux facteurs. Le phénomène a joué lorsqu'au XIXe siècle, les États-Unis offraient des occasions d'investir, d'entreprendre ou d'obtenir des revenus plus élevés que les pays à maturité. Ces déplacements ont permis le développement de ce pays et ils ont été bénéfiques aux pays d'émigration, à l'Angleterre elle-même. Celle-ci se déchargeait de son trop plein d'homme et d'épargne – cela évitait de faire baisser davantage les productivités marginales du travail ou du capital, les salaires et les profits. Notons d'ailleurs que pour qu'il y ait un éventuel trop plein à la fois du capital et du travail, il faut qu'existe un troisième facteur dont le manque bloque l'emploi des deux autres. Ce fut la terre au XIXe siècle. Aujourd'hui, c'est le niveau des connaissances ou la capacité à innover.

La mondialisation est fondamentalement bénéfique, mais elle n'est pas sans dangers pour les plus fragiles, pour ceux qui ne peuvent pas s'adapter rapidement. En ce qui concerne les individus, il faut aider les perdants, surtout les aider à s'adapter. En ce qui concerne les nations, il faut qu'elles corrigent leurs faiblesses internes, adoptent des politiques volontaristes pour réussir à tirer leur épingle du jeu.

Le protectionnisme peut donc être exceptionnellement justifié.

D'abord lorsqu'il permet de protéger une industrie naissante ou lorsqu'il rend possible la construction d'un avantage comparatif. Ensuite lorsque nous sommes disposés à acquitter un coût en termes de pouvoir d'achat afin de protéger un secteur estimé nécessaire en termes de puissance ou pour préserver une diversité suffisante des activités nationales – encore selon une optique d'indépendance économique, donc de puissance – ou pour éviter une crise sectorielle (ou locale) aux effets sociaux dramatiques. Dans ce dernier cas, il s'agit d'un protectionnisme temporaire destiné à pallier les coûts sociaux du changement, les rigidités inhérentes à tout changement d'activité, donc à faciliter le repli en bon ordre d'une activité retenant une fraction importante de la main d'œuvre (comme hier l'agriculture française). Mais c'est au prix, généralement, d'un plus faible dynamisme dans l'extension des secteur nouveaux portés par les avantages comparatifs.

Enfin, au niveau macroéconomique, *si* le protectionnisme permettait d'assurer une balance commerciale excédentaire et *si* l'économie connaît un chômage structurel, il pourrait être efficace pour accroître le niveau d'activité : les exportations sont alors un substitut à l'excès d'épargne par rapport à l'investissement domestique. Mais, pour obtenir une balance commerciale excédentaire, le protectionnisme doit freiner les importations, ce qui est facile, et accroître les exportations, ce qui est beaucoup plus difficile car cela suppose généralement une politique de *dumping* et l'absence de rétorsions protectionnistes des partenaires, ce qui est improbable.

S'il vise à préparer l'émergence d'une nation ou d'une activité nouvelle, un protectionnisme offensif peut être efficace, du moins tant qu'il est toléré par les autres, à l'abri de leurs rétorsions, tant qu'il peut rester limité. En revanche, s'il n'est que défensif, s'il ne vise qu'à défendre des activités traditionnelles aux coûts comparatifs trop élevés, donc à rebours de l'avenir, il est néfaste en encourageant la tradition aux dépens du changement. Faut-il produire à un coût élevé ici ce qu'il est possible d'obtenir à faible coût ailleurs ou ne vaut-il pas mieux acheter ce que l'on produirait trop cher en vendant ce que l'on produit le plus efficacement ? La solution générale est de réduire les coûts, donc d'accroître le pouvoir d'achat de tous. Mieux valait arrêter de produire du blé à un coût exorbitant dans les collines rocailleuses du Haut-Var et le faire venir du Bassin parisien en le payant hier par l'élevage des moutons, les fleurs ou les olives, aujourd'hui par le tourisme. Certes, nous pouvons choisir de produire à grands frais, d'assumer un surcoût, mais seulement à condition d'être assurés qu'il s'agit d'un investissement utile, que demain ces coûts se réduiront (coûts décroissants) ou que d'autres activités innovantes en profiteront (externalités).

Mais la protection qui fige l'économie dans des activités traditionnelles dont on sait fort bien qu'elles sont, à terme, condamnées, qu'elles ne retrouveront jamais un avantage comparatif, la protection qui condamne l'avenir au profit du passé, cette protection-là est très dangereuse.

Le choc sur l'Europe de la mondialisation

Le capitalisme est mondialiste. Son dynamisme de destruction créatrice tend à s'élargir à toutes les nations. Il révolutionne partout les techniques, les modes de vie, les mentalités. L'idée d'Adam Smith d'une tendance à l'élargissement des marchés, du village au monde, est devenue chez Marx une épopée et une tragédie : le capital a fait la nation comme espace économique, il la défait pour élargir sa sphère à l'échelle mondiale ; le capitalisme est porteur de progrès technique, de création de richesses, de développement des sciences et de la culture, mais son succès même développe ses « contradictions internes », les conflits de classe et les crises économiques s'exacerbent.

Comment ici ne pas citer les phrases du *Manifeste du Parti communiste* : « Par l'exploitation du marché mondial, la bourgeoisie donne un caractère cosmopolite à la production et à la consommation de tous les pays. Au grand désespoir des réactionnaires, elle a enlevé à l'industrie sa base nationale. Les vieilles industries nationales ont été détruites et le sont encore chaque jour. [...] À la place des anciens besoins, satisfaits par les produits nationaux, naissent des besoins nouveaux, réclamant pour leur satisfaction les produits des contrées et des climats les plus lointains. À la place de l'ancien isolement des provinces et des nations se suffisant à elles-mêmes, se développent des relations universelles, une interdépendance universelle des nations. Et ce qui est vrai de la production matérielle ne l'est pas moins des productions de l'esprit. [...]. Par le rapide perfectionnement des instruments de production et l'amélioration infinie des moyens de communication, la bourgeoisie entraîne dans le courant de la civilisation jusqu'aux nations les plus barbares. Le bon marché de ses produits est la grosse artillerie qui bat en brèche toutes les murailles de Chine et contraint à la capitulation les barbares les plus opiniâtrement hostiles aux étrangers. Sous peine de mort, elle force toutes les nations à adopter le mode bourgeois de production ; elle les force à introduire chez elle la prétendue civilisation, c'est-à-dire à devenir bourgeoises. En un mot, elle se façonne un monde à son image. » (Marx, Engels, 1848 a). C'est pourquoi K. Marx vote pour le libre-échange « en un sens révolutionnaire » (Marx, 1848 b) : il révolutionne le monde et il hâte la révolution sociale[15].

Nos deux auteurs écrivaient cela en 1848 lors de l'essor de la première vague de mondialisation, mais, on croirait ces phrases écrites pour notre temps ! De fait, cette première vague est venue buter sur l'exacerbation des contradictions du capitalisme, sur les luttes sociales, la paupérisation et la précarisation, sur les crises croissantes. C'est ce qu'ils avaient anticipé, mais, contrairement à leurs espérances millénaristes, le mode de production capitaliste n'en est pas mort, il s'est adapté grâce à l'intervention de

15. Dans la *Critique du programme du parti ouvrier allemand* (programme de Gotha), Marx écrit : « De fait, la profession d'internationalisme du programme *est encore infiniment au-dessous* de celle du parti libre-échangiste. Celui-ci assure, lui aussi, que le résultat de ses efforts sera la "fraternité internationale des peuples". Mais, lui, il *fait* quelque chose pour internationaliser le commerce ». Depuis cette date (1875) les programmes socialistes se sont toujours davantage refermés dans la sphère étroite des nations, des intérêts des « classes exploitées » nationales et ce n'est pas seulement du Parti ouvrier allemand que l'on peut dire avec Marx qu'il « a abjuré l'internationalisme » [Marx, 1875, p. 1424].

l'État. La vague de mondialisation a reculé dès la fin du XIXe siècle et la fermeture fut quasi totale dans les années trente et quarante. Le capitalisme a passé un pacte d'association avec la nation.

Le pacte entre l'État et le capital peut devenir diabolique lorsqu'il débouche sur une sorte de national-capitalisme, avec la recherche de la puissance et de la domination. Il a pu, au contraire, s'avérer bénéfique lorsqu'il s'agit de nations démocratiques.

Au cours des années 1880-1945 le pacte entre le capital et l'État montra ses deux faces antagoniques : le côté positif, un capitalisme national protecteur, volontariste, dynamisant ; la face sombre lorsqu'il aboutit au national-capitalisme en Allemagne et au Japon. Les fascismes éliminés, la période des années 1950-1975 fut florissante pour les sociétés occidentales. L'ouverture des échanges internationaux y progresse, mais le capitalisme reste encore à encadrement national. On a peut-être là le secret de ce *golden age* relatif pour les pays avancés.

Après 1973 et surtout après 1989, la mondialisation fait un bond en avant. Quantitativement avec l'entrée dans le capitalisme des anciens pays communistes et qualitativement car, si les nations sont toujours très présentes, la logique capitaliste est devenue immédiatement mondiale. La vague de mondialisation du XXe-XXIe siècle se fait donc en deux temps séparés par la période de transition des années 1973-1989 : 1973, le retournement du rythme de croissance et 1989, la victoire du capitalisme à l'échelle mondiale.

Le capitalisme a changé. Un nouvel ordre productif a été expérimenté dans les années 1970-1980 ; il a été opérant dès les années quatre-vingt-dix, mais il est encore non abouti, donc dangereusement instable. On en connaît les caractéristiques : une base technique renouvelée par l'économie de la connaissance, l'importance centrale prise par les marchés financiers globalisés, les transformations des rapports de force entre le travail et le capital, les changements des modes d'organisation et de gouvernance des entreprises (modification des rapports entre les capitalistes et les *managers*), la suprématie des marchés (par nature mondialisables) sur les régulations volontaires restées essentiellement dans le cadre des États-nations.

Le monde a changé. La fin du communisme et la transition capitaliste de la Russie, de l'Europe orientale, de la Chine, vers le capitalisme a produit un rebond de la mondialisation (une mondialisation sans adversaires systémiques, mais avec un potentiel d'affrontements internationaux considérables). Et la Chine, l'Inde, la Russie, le Brésil, sont en voie de rattrapage rapide. Depuis le début des années quatre-vingt-dix, les pays émergents ont gagné six points de parts du marché mondial en volume. Si l'on peut estimer que la croissance chinoise à 10 % l'an est instable socialement – l'extension des troubles sociaux n'y est pas improbable – et économiquement – elle est fondée sur la croissance des exportations, les investissements directs étrangers, les dépenses d'infrastructures, de nombreuses entreprises sont en surproduction, très endettées, ce rattrapage n'en est pas moins irréversible.

L'élargissement du monde constitue un changement quantitatif majeur : plus de 700 millions de travailleurs (non agricoles) entrent dans la compétition mondiale [16]. Nous assistons à une redistribution des « poids » économiques des nations, le poids relatif de l'Europe et du Japon se réduisant davantage que celui des États-Unis, ce pays conservant sa position dominante. La Chine avec plus d'un cinquième de

16. Même s'il faut relativiser, l'émergence de l'Allemagne, des États-Unis, du Japon à la fin du XIXe et au début du XXe siècle est un choc majeur sur les économies avancées d'alors.

la population mondiale pose un problème nouveau dans la mesure où elle dispose d'une réserve de main d'œuvre inépuisable (l'exode rural pourrait être de 500 millions de ruraux dans les trente prochaines années [17]), tous les ans, quinze millions de paysans gagnent les villes à la recherche d'emplois. Dès lors, la croissance de la productivité n'y induit pas une croissance suffisante des salaires. Sa compétitivité s'accroît donc, il est vrai, essentiellement dans les activités où le travail peu qualifié domine (les salaires des qualifiés augmentent rapidement, et donc les inégalités).

L'intégration mondiale atteint un degré inégalé puisqu'on a retrouvé, puis dépassé l'ouverture des économies nationales atteintes en 1870, aussi bien en ce qui concerne les flux de marchandises que les flux de capitaux (Berger, 2003 ; Bordo, Eichengreen, Irwin, 1999). Depuis quinze ans, les exportations mondiales sont passées de 19 % à 24 %, les flux de capitaux privés de 10 % à 25 % du PIB mondial (Denis, Mc Morrow, Röger, 2006). Cette mondialisation des marchés s'est développée sans que se mette en place un mode de régulation intentionnelle

17. Phénomène unique par son ampleur, c'est dix fois plus que l'exode rural européen au XIXe siècle.

à la même échelle (même s'il existe des esquisses). Est-ce pour cela que la libération des échanges de biens et services a probablement atteint ses limites (l'échec redoublé de Doha est révélateur), que de tous côtés on appréhende mieux le risque d'instabilité des flux de capitaux ?

L'Europe et la France ont perdu. Le choc concurrentiel pour l'industrie des pays du « Nord » est considérable et croissant, pas seulement sur l'industrie intensive en travail peu qualifié. Cependant, depuis 1990, les pays du Nord sont dans des situations très différentes les uns des autres. Le Japon est resté longtemps en déflation. Les États-Unis ont bénéficié de taux de croissance presque deux fois plus élevés que l'Europe (3,5 % en moyenne) et ils récupèrent le terrain perdu dans les années cinquante et soixante. Ils ont retrouvé un dynamisme économique spectaculaire, ils ont été la matrice du nouvel ordre productif et de la troisième révolution industrielle. Leur croissance a été soutenue par la consommation, appuyée sur l'endettement, relayée par l'investissement. Une situation cependant très fragile (Mistral, Salzmann, 2006) en particulier parce que le financement de la croissance s'appuie toujours davantage sur l'épargne étrangère (particulièrement chinoise), tandis que la balance commerciale s'enfonce dans le déficit.

Quant à l'Europe, depuis quinze ans, son PIB/habitant se détériore relativement aux autres pays de l'OCDE avec le déclin relatif de la productivité. L'Europe continentale, et plus particulièrement la zone euro, n'a que des taux de croissance entre 1,5 % et 2 %. La globalisation a eu des effets négatifs sur le taux de croissance européen : si les effets du côté demande (prix plus bas, plus grande variété des produits) ont été modérément positifs, en revanche du côté offre, ils sont tous négatifs (accroissement du taux de pénétration des importations, déplacement de la demande mondiale vers des biens non-européens, accroissement des sorties d'investissements directs à l'étranger dû à l'*offshoring*, tendance renforcée à l'*outsourcing*[18]).

Cependant la perte de l'Europe due à la mondialisation est restée modeste *:* 0,1 % du taux de croissance/tête entre 1991 et 2003 (Denis, Mc Morrow,

18. *Offshoring*, création d'établissements à l'étranger par l'investissement direct, *outsourcing*, recours à des sous-traitants étrangers ou en encourageant la délocalisation de ses sous-traitants domestiques.

Röger, 2006)[19]. Il ne faut pas négliger le fait que les pays émergents constituent un marché potentiellement élevé – si le marché chinois s'oriente surtout vers les moyens de production, l'énergie, les matières premières, la consommation ne devrait pas manquer de suivre, en commençant par les biens de luxe. La balance commerciale de l'Europe s'améliore avec le reste du monde, malgré le déficit croissant avec la Chine (Denis, Mc Morrow, Röger, 2006). Et il y a une forte complémentarité des biens pour lesquels l'Europe est bien placée (moyenne et haute technologie, biens d'équipements) et pour ceux produits par la Chine (basse technologie, biens exigeant beaucoup de main-d'œuvre, produits en relations avec les nouvelles technologies).

Quant à la France, elle a connu un taux de croissance dans la moyenne de la zone euro et le déficit de croissance dû à la mondialisation n'y est pas plus grand. Cependant, sa position se fragilise. Si la productivité par heure ouvrée y est l'une des plus élevées

19. Depuis le début des années 1990, non seulement l'efficience statique (effet direct de la spécialisation, des économies d'échelles, l'incitation concurrentielle) est modérément négative, mais l'efficience dynamique (effet indirect sur le climat affaires, l'investissement), y compris de l'Europe (cf. aussi infra, p. 114) n'est plus positive.

du monde, elle est trop faible par travailleur/an et sa croissance est trop réduite (Camdessus, 2004). Si elle reste l'un des pays les plus ouverts sur le monde (21 %), sa part dans le commerce mondial est tombée de 6,3 en 1992 à 5,1 en 2004 (l'Allemagne voit la sienne passer de 11,4 à 10), ce qui n'est pas catastrophique (c'est le résultat de la croissance de la part des pays émergents). Mais les exportations françaises ne croissent que trop faiblement, autour de 6 %-7 %, par rapport au commerce mondial, 12 % entre 2003 et 2005, et à la croissance de celles des pays de l'OCDE ou des partenaires européens, en particulier de l'Allemagne. Le commerce français est mal positionné. Géographiquement, il reste trop centré sur l'Europe et les zones à faible croissance. Il faudrait que la part des pays émergents dans les importations françaises ne croisse pas plus rapidement que la part de ceux-ci dans les exportations. Malheureusement ce n'est pas le cas. La France fait moins bien que le Japon, les États-Unis, l'Allemagne, l'Italie, du fait d'une spécialisation peu adaptée et d'une trop faible présence commerciale (Fontagné, 2004 ; Fontagné, Lorenzi, 2005, p. 77, complément Artus, p.140). La France est en effet également mal positionnée sur le plan sectoriel, en particulier parce qu'elle n'exporte que peu d'équipements, or là se trouve l'essentiel des besoins des pays émergents, particulièrement de la Chine et de l'Inde.

S'il fallait une preuve que la mondialisation, en elle-même, n'est pas coupable ou que l'enfer, ce n'est pas les autres, il suffirait de regarder l'Allemagne si proche de nous par les salaires et la productivité, par le modèle social, les charges fiscales et sociales. Elle est redevenue premier exportateur mondial depuis 2003, surtout pour les biens industriels et elle bénéficie d'un excédent commercial record (de 162 milliards d'euros, supérieur à celui de la Chine). Certes une part croissante des exportations allemandes est constituée de réexportations à l'identique ou avec une faible valeur ajoutée allemande [20], mais n'est-ce pas jouer intelligemment de la nouvelle division internationale du travail ? N'était-ce pas le cas de l'Angleterre au sommet de sa gloire au début du XXIe siècle ? Surtout, l'Allemagne a un meilleur positionnement que la France aussi bien en termes de productions – en particulier les biens d'équipements de qualité, peu sensibles aux hausses de prix, d'où la résistance de l'économie aux hausses de l'euro – que

20. Entre 1991 et 2002, dans un euro exporté la part « made in Germany » est passée de 74,3 % à 62,2 %. Rapport n° 97 de la délégation du Sénat pour la planification (J. Bourdin), novembre 2005.

géographiquement – des exportations davantage tournées vers les pays émergents. Le positionnement déficient de la France est une faiblesse interne. Elle tient en particulier au manque de grandes PME (entre 500 et 1 000 salariés) exportatrices, à une gamme trop courte de spécialisations [21], à une trop faible présence des « commerciaux » français à l'étranger, surtout « lointain » (Asie en particulier), à la faiblesse de l'investissement. On peut la corriger en jouant sur *l'innovation permanente et la qualité.* La politique industrielle peut et doit y aider, mais que les entrepreneurs n'incriminent pas toujours les autres, les charges, les 35 heures, les dysfonctionnements (réels) du marché du travail. Qu'ils balayent aussi devant leur porte.

La mondialisation est-elle responsable de la désindustrialisation ? Retrouve-t-on un choc comparable à celui subit par l'agriculture française dans les années 1880 ? Probablement pas. D'abord le choc a été amorti, l'emploi industriel baisse dans la longue

21. Sur les 40 grands secteurs « exposés » à la concurrence internationale, si nous retenions ceux qui pourraient bénéficier d'un avantage comparatif, il y en aurait 16 en Allemagne, 10 en Suède, 4 en France, 2 en Italie (mais il faudrait regarder de plus près car il faut tenir compte des avantages comparatifs intra-sectoriels).

durée et les causes en sont essentiellement internes. En outre, l'activité industrielle est plus diversifiée, complexe et fractionnable que la production agricole. En l'absence de mesures protectionnistes, l'industrie qui produit des biens de haute qualité, qui utilise intensivement des connaissances, du travail qualifié, doit pouvoir être conservée.

Si le problème que posent les délocalisations s'aggrave depuis le début des années quatre-vingt-dix, celles-ci ne sont responsables que de 1 % à 2 % des suppressions d'emploi (entre 11 000 et 13 000 en 2004) et les investissements directs qui se font en France en créent au moins autant depuis dix ans. En effet, la France est le quatrième pays d'accueil pour ces investissements. Surtout nous verrons que ces délocalisations ne peuvent être considérées comme entièrement négatives.

Fondamentalement, les causes de la faiblesse européenne et française sont internes. Elles tiennent aux politiques macroéconomiques, au *dumping* social et fiscal, à la faiblesse du taux d'investissement, à la crise du système de production des connaissances, des qualifications, des innovations, au manque d'adaptabilité des entreprises et de l'emploi. Et ces faiblesses internes se traduisent par une importance trop grande des technologies à bas salaire, la faiblesse des nouvelles technologies. Cette faiblesse ne tient ni à la concurrence chinoise, ni aux délocalisations.

En outre, si la France et l'Europe avaient, un peu, perdu depuis 1990 à l'accélération de la mondialisation, aujourd'hui le coût de l'adaptation a été en grande partie acquitté et celui d'un retour au protectionnisme sur une base nationale serait immense, non négligeable sur une base continentale.

Les échanges internationaux, cause mineure de la désindustrialisation

En France, comme dans tous les pays industrialisés, l'emploi industriel baisse : depuis 1950 aux États-Unis – d'un tiers de la population active à un cinquième, depuis 1973 en France – de 35 % à moins de 20 %. La part de la valeur ajoutée industrielle tombe dans les mêmes proportions. Une chute régulière. Elle tient essentiellement à des causes internes. Les budgets des ménages contiennent plus de dépenses de logements et de services, non pas principalement à cause des changements de goûts, mais parce que les prix des biens industriels ont baissé depuis 1950. Cette baisse tient à l'augmentation massive de la productivité et à la substitution du capital au travail. On le voit clairement puisqu'en volume, après une réduction de la valeur ajoutée industrielle de 26 % en 1978 à 22,5 % en 1993-1994, il y a eu une remontée et une stabilisation autour de 24 %-25 % (Fontagné, Lorenzi, 2005). La Chine elle-même, entre 1995 et 2002, a subi une perte nette d'au minimum 4 millions d'emplois dans le secteur manufacturier [22].

Quel est le rôle du commerce extérieur avec les pays du Sud ? S'il est significatif, il est jusqu'ici modeste et sans lui la désindustrialisation aurait eu lieu : sur les quinze dernières années, on aurait gagné un an dans le processus de dégradation de longue période. Fontagné-Lorenzi aboutit au maximum à 1 % de l'emploi industriel perdu du fait du commerce avec la Chine, l'Inde et les autres pays émergents [23] (et des délocalisations[24]). Les contraintes de

22. (Conference Board, 2004), voire un passage de 95 millions d'employés à 83 millions entre ces deux dates (Banister, 2005 ; Bailly, Farrell, 2006), soit 15 % du total des emplois du secteur.
23. Le premier effet du commerce extérieur passe par le contenu en emploi d'un euro d'exportation industrielle (une voiture) par rapport au contenu en emploi du substitut d'importation (les chemises qu'il aurait fallu produire en France si elles n'avaient pas été importées en échange de la voiture). Certes, on exporte des biens plus capitalistiques et plus intensifs en travail qualifié (inversement pour les importations), mais l'effet global sur l'emploi est faible car non seulement le rapport des importations venant des pays du Sud

la mondialisation n'en sont pas moins importantes puisque la demande internationale se porte moins vers les biens et services français et qu'il serait nécessaire de déplacer les activités industrielles vers les productions intensives en progrès technique et en hautes qualifications.

D'où l'effet plus important sur l'emploi des non qualifiés. Ils subissent directement la concurrence des salariés des pays émergents, particulièrement de la Chine où la productivité croît beaucoup plus rapidement que les salaires de ces catégories de salariés. Là aussi des causes internes sont déterminantes dans le trop faible déplacement de l'activité industrielle vers les branches à fort contenu de travail qualifié : faible adaptabilité des entreprises, des salariés, et déficience du système éducatif. Pour la France,

---

à la valeur ajoutée industrielle française reste infime, mais les différences des contenus en emplois d'un euro entre deux industries (voiture, chemises) françaises sont modestes. Reste le solde commercial. En ce qui concerne les échanges de produits manufacturés, la balance est structurellement excédentaire depuis 1993. Géographiquement, les échanges avec l'Asie se dégradent, et surtout avec la Chine (- 8 milliards d'euros en 2003, mais ils sont positifs avec la Corée du Sud, Singapour par exemple, ce qui montre qu'il n'y a rien de nécessaire ou de définitif). Si nous rapportons les chiffres du déficit avec l'Asie au PIB, nous obtenons 0,01 %. Le choc sur l'emploi industriel du commerce avec le Sud est donc modeste.

24. Cf. infra, p. 76 et ss.

cependant, l'effet direct des échanges commerciaux sur l'emploi des non-qualifiés a été relativement faible (2 % de cet emploi) [25].

Nous observons symétriquement une croissance de l'emploi dans les services en France comme dans tous les pays développés. Entre 1975 et 2001, nous passons d'un peu moins de 50 % à près de 70 % (et plus de 75 % pour les États-Unis et le Royaume-Uni). Là aussi, les raisons sont internes et tiennent au fait que la productivité s'est beaucoup plus accrue dans l'industrie. Elles seraient même exclusivement internes puisqu'il ne semble pas que la France ait accru sa spécialisation internationale dans ces activités.

Il reste que, globalement, nous nous trouvons en présence de pays en développement qui n'ont qu'un quart de leur emploi dans les services, tandis que d'autres pays très développés, dont la France, en ont pratiquement les trois quarts. Or la productivité croît plus rapidement dans l'industrie que dans les services. Le résultat ne peut manquer d'être un

25. Dans la mesure où la balance commerciale n'a pas été structurellement déficitaire (mais la tendance n'est pas favorable). Pour les États-Unis dont la balance commerciale est de plus en plus lourdement déficitaire, ce chiffre pourrait être de 6 % de l'emploi total des non-qualifiés (Fontagné, Lorenzi, 2005).

rattrapage de la productivité des pays émergents, donc de leurs revenus. Cela ne nuira pas aux pays déjà développés et il y aura même une amélioration des termes de l'échange des pays (très développés) spécialisés dans les services, une détérioration de ceux (moins développés) qui se spécialiseront dans l'industrie.

De plus, observons que la catégorie « service », plus encore que la catégorie « industrie », est diversifiée. Au sein même des entreprises industrielles, la place des services est de plus en plus grande. Certains d'entre eux sont externalisés ou externalisables, si bien qu'une part croissante des inputs de l'industrie est des services de nature très diverse, certains peu qualifiés comme le nettoyage, d'autres très qualifiés comme l'organisation des campagnes publicitaires ou des services informatiques.

Il y a les services non-exportables et ceux qui s'échangent internationalement, ceux qui sont peu qualifiés et ceux qui le sont hautement. Une position forte dans ces activités de services hautement qualifiés et exportables est positive. Celle de l'Angleterre l'est exceptionnellement, depuis le début du XIXe siècle. La France a été traditionnellement le brillant second. Sa position reste aujourd'hui remarquable. Ainsi elle se classe au quatrième rang pour l'exportation des services commerciaux. Il est enfin des services essentiels qui structurent et orientent l'ensemble de l'activité industrielle et ne sont ni externalisables, ni délocalisables. Il en va ainsi de la recherche, de la conception de nouveaux produits ou de nouveaux procédés, de la stratégie commerciale et financière, de la gestion des personnels.

La spécialisation internationale, enfin, pénètre à l'intérieur de l'entreprise. Si les entreprises industrielles des pays développés sont amenées à abandonner les séquences productives à prédominance de travail peu qualifié, nous verrons qu'elles peuvent conserver et développer les éléments les plus valorisants (valeur ajoutée, emplois qualifiés) au « centre ».

Déplacements des hommes et des capitaux : jusqu'ici ça va, mais demain ?

En ce qui concerne les déplacements des hommes et des femmes, nous observons aujourd'hui un accroissement de la mobilité de ceux qui détiennent des qualifications rares ou qui sont dotés d'un esprit entreprenant, qui sont davantage preneurs de risques. Ainsi en va-t-il, par exemple, de chercheurs qui ne trouvent ni emploi dans les entreprises privées, ni postes dans la recherche publique – ou désireux d'avoir des laboratoires, de travailler dans un milieu favorable – et se délocalisent vers les États-Unis, le Canada, l'Angleterre. Est-ce massif par rapport au stock de travailleurs qualifiés ? Non. C'est cependant une perte regrettable, mais non une perte sèche : certains expatriés continuent d'avoir des relations fortes avec des Français restés au pays (qui engrangent alors des bénéfices gratuits – des externalités positives – issus de ces relations) ou reviennent au pays rapatriant expériences, relations, un capital cognitif en partie constitué à l'étranger. Les transferts technologiques et de connaissances s'appuient sur les déplacements des hommes plus que sur ceux des marchandises et des capitaux, mais les uns appuient les autres. Faut-il accuser « l'étranger » d'importer nos « élites » ? Non, mais plutôt l'imiter et surtout désigner les faiblesses internes de l'économie et de la société française.

Le phénomène le plus massif est la forte pression exercée par les travailleurs du Sud pour émigrer au Nord. Sur le terrain économique, le Nord peut ainsi combler ses déficiences démographiques croissantes – et même parfois bénéficier de travailleurs déjà qualifiés, mais alors au détriment du Sud. Nous observons que les flux migratoires sont fortement corrélés aux flux de marchandises et de capitaux et cela dès le XIXe siècle : l'effondrement des relations économiques mondiales dans les années trente et leur croissance modeste jusqu'à la fin des années soixante s'accompagne d'un fort ralentissement des flux migratoires mondiaux et le renforcement du processus de mondialisation dès la fin des années soixante-dix, puis surtout à la fin des années quatre-vingt, est prolongé par l'accroissement des flux migratoires. Les différences majeures avec le XIXe siècle sont d'une part, l'origine des pays d'émigration (Europe du Sud, centrale ou orientale lors de la première mondialisation, Afrique, Asie, et à nouveau Europe orientale lors de la seconde) et d'autre part, l'attitude de fermeture des pays d'immigration (Massey, 2003).

L'immigration de travailleurs non qualifiés fait pression à la baisse des salaires de cette catégorie dans les pays d'accueil. Cette entrée de main-d'œuvre est un substitut partiel à la délocalisation des entreprises de main d'œuvre vers les pays du Sud : importer des travailleurs au lieu d'importer des biens manufacturés. Il est difficile de déterminer les avantages de l'une ou l'autre situation pour le pays du Nord et pour le pays du Sud tant les phénomènes en jeu sont nombreux. Dans un monde où les réticences à l'immigration sont fortes (pour des raisons socio-politiques) et le commerce ouvert, la solution par l'industrialisation du Sud, y compris par délocalisations, devrait sinon prévaloir (la pression migratoire est en effet forte), du moins limiter les flux.

En ce qui concerne les flux de capitaux privés – investissements directs et de portefeuille, la croissance a été très rapide au cours des derniers vingt-cinq ans[26]. Le paradoxe de Lucas (1990) – les capitaux ne vont pas du Nord au Sud, mais les flux sont Nord-Nord, voire du Sud au Nord – est cependant resté valide : nous observons globalement un financement des investissements du Nord par les pays émergents ; en 2005, l'épargne nette des pays émergents contribuant à financer l'investissement dans les pays du Nord a été de 510 milliards de dollars : un monde à l'envers[27].

---

26. Jusqu'au début des années quatre-vingt, leur croissance est parallèle à celle du commerce. Durant les années quatre-vingt, leur volume quadruple et il est multiplié par six jusqu'en 2000, après un fort repli s'expliquant par un tarissement des opérations de fusion-acquisition (en 2002, le montant total des flux d'IDE entrants s'élevait à 560 milliards de dollars), le mouvement ascendant reprend. Les flux mondiaux d'IED en 2005 ont été de 916 milliards de dollars (29 % de plus par rapport à 2004).
27. FMI, *World Economic Outlook*, avril 2006 (Benassy-Quéré, 2006).

Si les capitaux vont vers les pays riches, ce n'est qu'un paradoxe apparent. Il ne faut pas oublier :

– l'importance de la sécurité (financière et politique), la garantie de la propriété privée avec des règles claires et stabilisées, le capital n'aime pas les risques ;

– le rôle du progrès technique qui élève la productivité du capital et fait que les occasions d'investir de façon rentable sont largement concentrées aux États-Unis ;

– le taux d'épargne particulièrement élevé dans les pays rapidement émergents, tout particulièrement la Chine – les revenus moyens s'y élèvent très vite et il n'y a pas d'autres moyens pour s'assurer contre la maladie, la vieillesse, deux raisons d'une épargne très forte.

La Chine a donc suffisamment d'épargne pour financer son propre investissement pourtant massif, mais il en reste pour financer les investissements et les dépenses gouvernementales américaines (le déficit américain par rapport à la Chine est de 200 milliards de dollars). La Chine par ses achats de titres non risqués américains finance le déficit d'épargne privé et public des États-Unis, d'où leur double déficit croissant. Certes, la Chine n'est pas le premier pays à appuyer son émergence ou sa croissance sur une balance commerciale excédentaire, donc un excès d'épargne – ce fut le cas de l'Allemagne, du Japon, des pays du Sud-Est asiatique, mais l'ampleur est unique du fait du niveau exorbitant de son taux d'épargne et d'un mode de développement fortement biaisé vers le marché mondial, du moins pour un pays de cette taille : 75 % de la croissance chinoise est due aux exportations.

Quant aux investissements directs étrangers (IDE) qui vont vers les pays émergents et sous-développés, ils sont croissants mais moins importants (et ne croissent pas plus rapidement) que ceux qui entrent dans les pays développés [28] et ils sont largement concentrés vers quelques pays (Chine, Inde, Brésil). Comparés à l'investissement intérieur des pays développés ou aux fusions-acquisitions dans le monde [29], les IDE vers les pays émergents

28. En 2005, les pays développés ont reçu 542 milliards de dollars (en croissance de 37 %) et les pays en développement 334 milliards (22 % par rapport à 2004). En pourcentage, les pays développés ont attiré 59 % des IED mondiaux, les pays en développement 36 % et l'Europe du Sud-Est et la CEI 4 %.
29. Si nous retenons le chiffre de 334 milliards d'IDE entrants (bruts) vers les pays émergents ou en développement, rapporté au PIB des pays du Nord (Amérique du Nord, Europe des Quinze, Japon : 31 000 milliards de dollars) et de l'investissement productif interne de ces pays (4 200 milliards de dollars), ces chiffres restent modestes. On peut aussi comparer au montant des fusions-acquisitions dans le monde (cf. infra).

restent marginaux. Les pays développés ont amélioré (États-Unis) ou maintenu (Europe) leur solde net positif en termes d'investissements directs étrangers. En 2006, la France a bénéficié de 58 milliards de dollars d'IDE, ce qui la classe au quatrième rang mondial ; ils ont créé 30 000 emplois, ce qui relativise les peurs liées aux délocalisations.

Dès lors l'idée selon laquelle les flux de capitaux devraient tendre à l'égalisation internationale des prix des facteurs, donc des salaires et du taux de profit, ne tient pas. Les salariés des pays pauvres n'en ont pas bénéficié et, réciproquement, les salariés des pays développés n'ont pas été affectés, ni dans leurs emplois, ni dans leurs salaires, ou très modestement. En définitive, la globalisation des flux de capitaux, leur forte croissance et leur répartition géographique n'a pas été négative pour l'Europe.

Reste le risque d'instabilité dû à la croissance forte des flux de capitaux spéculatifs fortement volatils. Si on n'a jamais été aussi proche d'un marché des capitaux unifiés à l'échelle planétaire (Cartapanis, 2002), nous sommes loin de l'efficience de ce marché. Il est agité par une spéculation déséquilibrante, avec des agents aux informations limitées, asymétriques, il subit des phénomènes d'emballement, connaît des « bulles », des contagions mimétiques et, dès lors, il est non seulement instable lui-même, mais déstabilisant pour l'économie mondiale. Les fusions-acquisitions s'emballent : en 2006, il y a eu plus de 3 500 milliards de dollars de fusions-acquisitions (M&A) dans le monde – principalement des opérations de *Leverage by out*, LBO, ou opérations à effet de levier c'est-à-dire un achat d'une entreprise essentiellement par endettement et remboursement sur les profits ultérieurs, essentiellement réalisés par des fonds d'investissement [30], et ils nourrissent les flux internationaux (même si l'essentiel reste interne aux États-Unis). L'accroissement des flux internationaux depuis quinze ans est un facteur inquiétant d'instabilité financière et économique. Nous pouvons même nous interroger sur la faiblesse relative des crises internationales jusqu'ici et apprécier la capacité du système des banques centrales à éviter leur généralisation et leur « systématisation ». La coordination des autorités monétaires internationales a bien fonctionné, la crise globale a été évitée, *mais jusqu'à quand*?

30. En 2006, 9 % des salariés du privé sont, en France, employés par des sociétés contrôlées partiellement ou totalement par des fonds d'investissement. Étude de l'Association française des investisseurs en capital (AFIC), novembre 2006, soit près de 5 000 entreprises et 1 531 000 salariés.

Il est donc erroné de considérer de la même manière le libre-échange des marchandises et celui des capitaux. En effet, sur les marchés des capitaux, des phénomènes de spéculation déséquilibrante se produisent à une échelle beaucoup plus importante, d'où des crises qui peuvent devenir systémiques avec des chocs déflationnistes massifs. Dès lors, si la croissance est encouragée par l'ouverture des flux de marchandises, ce n'est pas le cas des flux de capitaux (Bhagwati, 1998 ; Cartapanis, 2002).

Faut-il alors limiter ces déplacements ? Les investissements directs, qui prennent en compte les fusions-acquisitions, sont généralement bien accueillis, sauf dans la mesure où ils risquent de faire perdre le contrôle national sur une fraction de l'économie productive. En ce qui concerne les flux spéculatifs (mais il n'est pas facile de les distinguer des autres, y compris des investissement directs), il serait souhaitable de pouvoir « mettre des grains de sable dans les rouages de la spéculation » – comme l'expliquait Tobin, d'où son idée de taxation des flux financiers, idée qui ne fait plus autant recette aujourd'hui. Il serait même raisonnable de limiter les opérations de fusions-acquisitions des fonds d'investissement et les investissements de portefeuille à l'échelle supranationale car leur emballement ne peut qu'accroître le risque systémique. Pour être efficace, ce contrôle supposerait, au-delà de la coopération classique, une gouvernance mondiale avec une volonté et une capacité de contrôle et de sanction, mais au niveau national il est déjà possible de tempérer les opérations capitalistiques spéculatives (le recours aux LBO).

La question des délocalisations

Là est la crainte majeure. La délocalisation d'entreprises ou de fractions d'entreprise se fait soit par externalisation – délocalisation d'un élément de la chaîne de production, soit par la délocalisation de sous-traitants ou le recours à des sous-traitants étrangers[31]. Pourquoi délocalise-t-on ? Quelles en sont les conséquences sur l'économie française, sur l'emploi, et sont-elles toujours négatives ?

Les délocalisations se font pour se rapprocher d'un marché – en particulier s'il est protégé d'une façon ou d'une autre – ou pour se rapprocher des sources d'approvisionnement en matières premières

31. Ces délocalisations peuvent, ou non (cas du recours à un sous-traitant étranger), supposer des IDE. Pour la France, les sorties d'IDE ne représentent que 5 % de l'investissement.

à coûts de transport élevés ou, le plus souvent aujourd'hui, de « l'approvisionnement » en travailleurs bon marché, ce qui revient à chercher à profiter de l'avantage comparatif d'un pays du Sud dont la dotation en travail (ou en travail peu qualifié) est relativement élevée.

Il serait erroné de croire que le facteur coût de la main d'œuvre soit le seul ou que, seul, il puisse jouer. Les entreprises qui délocalisent ont besoin de compétences, de fiabilité en termes d'institutions et de mentalités comme de qualité du travail et de délais de production. Pour les activités de main d'œuvre peu qualifiée, le niveau des salaires et des charges est cependant décisif et d'autant plus que la concurrence sur le marché des capitaux pousse les dirigeants d'entreprises à un comportement de maximisation de la valeur créée pour les actionnaires. Si les coûts de la délocalisation sont faibles, les actionnaires (souvent des fonds de pension) n'hésitent pas à la mettre en œuvre, même pour des accroissements modestes du taux de profit.

Nous connaissons les conséquences dramatiques des délocalisations pour des bassins d'emploi, des régions ou des secteurs. D'où l'importance des politiques d'aménagement du territoire (DATAR, 2004). Si les difficultés sont restées localisées, le risque est la *percolation* de multiples crises locales en une crise générale par effet de seuil et basculement.

Jusqu'ici l'effet macro-économique est resté modeste et il faut se garder de la tendance à l'affolement que produisent certaines délocalisations massivement relayées par les médias. Selon le rapport Fontagné-Lorenzi (2005, p. 19, p. 74), entre 0,5 % et 1 % de l'emploi industriel est détruit chaque année du fait des « pays émergents » et la concurrence des « émergents », y compris les délocalisations, ne contribue qu'à hauteur de 10 % au taux de désindustrialisation entre 1970 et 2002 (15 % aux États-Unis). Cela correspond en moyenne à une perte de 20 000 emplois par an (le processus s'accélère : 1970-1987 : 7,4 % ; 1987-2002 : 12,5 %) soit à « seulement » 8 % des licenciements économiques[32]. La France paraît se situer parmi les pays industrialisés les moins affectés, non pas parce que l'emploi y résiste mieux, mais parce que la contribution des facteurs internes y est plus élevée qu'ailleurs. Les délocalisations proprement dites ne représenteraient qu'entre 10 000 (« délocalisation », ACFCI, 2005)

32. En 2005, sur 860 000 licenciements, on avait 260 000 inscriptions à l'ANPE à la suite d'un licenciement pour motif économique. 20 000 emplois perdus représentent 8 % des licenciements économiques.

et 15 000 [33] emplois perdus par an en France. À titre de comparaison, l'investisement direct étranger en France a créé 30 000 emplois en 2006.

On peut considérer que les causes du chômage sont aujoud'hui à 90 % internes. Cependant les 10 % du chômage attribués à la globalisation tiennent en partie, *indirectement*, à des causes internes. Ils s'expliquent en effet principalement par les défauts de positionnement sectoriel et géographique de la France, par le manque d'adaptabilité du tissu industriel et des entreprises et la faiblesse de l'investissement interne.

Les délocalisations doivent-elles être considérées comme entièrement négatives ? Observons d'abord que souvent les délocalisations n'affectent pas l'entreprise elle-même, mais seulement un élément de la chaîne de production. Cela explique qu'une partie considérable des importations en provenance des

33. Le taux d'emplois industriels délocalisés chaque année serait de 0,35 %. Soit, sur un total de 4 213 milliers en 2003, 14 745 emplois industriels (Aubert et Sillard, 2005-2006). Si, pour mieux saisir l'impact des délocalisations, on ne retient que les importations de biens intermédiaires par les entreprises, on observe que si elles ont doublé entre 1993 et 2003, celles provenant des pays émergents ont triplé (depuis 2000 surtout en provenance des PECO). Quant aux emplois des *groupes industriels français dans les pays émergents*, ils sont passés de 13 % de leurs emplois en France à 20 % en 2003.

pays émergents soit des produits semi-finis. Ce sont les unités *offshore* d'entreprises françaises qui, souvent, les produisent à l'étranger. Plus de 70 % des importations en provenance de la Chine y sont produites par des entreprises françaises. Les entreprises qui pratiquent l'*offshoring* ou l'*outsourcing*, qui délocalisent certains « anneaux » de leur chaîne productive ou leurs sous-traitants, réussissent souvent à prospérer en ne conservant sur place que ceux qui bénéficient d'un avantage comparatif, qui créent le plus de valeur ajoutée par tête et qui assurent le contrôle général sur l'opération productive et l'orientation [34]. Elles obtiennent ainsi une position forte à l'exportation. L'Allemagne, nous l'avons vu, a ainsi réussi à retrouver son premier rang d'exportateur mondial, les exportations de ses entreprises contenant dès lors une proportion plus ou moins importante de produits non-finis étrangers.

Il s'agit donc de conserver les activités productives de biens ou de services qui sont situées soit en amont de la chaîne de production – conception,

34. Une enquête auprès de 100 entreprises moyennes montre que 44 % de celles qui ont réalisé une opération de délocalisation ont maintenu l'emploi en France, 19 % l'ont accru et 37 % l'ont réduit, mais l'aurait plus encore sans la délocalisation (« délocalisation », ACFCI, 2005).

R&D, soit en aval – stratégie commerciale, marketing, « intelligence », en abandonnant la production de masse fondée sur le travail non qualifié. Contre les effets de la concurrence étrangère et pour développer les exportations, il faut une stratégie de mouvement, non de protection frontale. Plutôt que de laisser des industries entières s'effondrer, mieux vaut laisser les entreprises se délester des éléments qui sont les moins bien adaptés aux avantages comparatifs de la France – et si demain les entreprises françaises qui ont délocalisé des séquences productives intensives en travail peu qualifié devaient les rapatrier, le résultat en serait souvent la fermeture de l'entreprise.

Un film récent[35] est venu attirer l'attention sur la vallée de l'Arve (Haute-Savoie), haut lieu pluriséculaire de décolletage des métaux. Il y a dans ce bassin une concentration unique au monde de savoir-faire et de technologies, et ces entreprises réussissent souvent à résister à la mondialisation, celles qui se développent sur le marché mondial ayant souvent délocalisé les activités les plus coûteuses en travail moins qualifié tout en préservant l'emploi plus

35. *Ma mondialisation*, documentaire de Gilles Perret, 2006.

qualifié dans la vallée. En revanche, un grand nombre d'entre elles a été cédé à des capitaux étrangers.

Il faut cependant ajouter qu'en matière de délocalisation, il serait trop simple d'opposer les emplois peu qualifiés et les emplois qualifiés, les derniers étant délocalisables et les seconds restant sur place. Aujourd'hui nombre d'emplois qualifiés ont été et seront délocalisés (pensons aux services informatiques, comptables) alors que des emplois peu qualifiés ne peuvent pas l'être. La qualification n'est pas toujours discriminante, il faut souvent l'excellence ou du moins des qualifications spécifiques et développant des synergies ou des externalités localisées avec d'autres services de l'entreprise ou d'autres entreprises.

De toute manière, il n'a jamais été efficace de retenir sur place toute une filière productive, du coton à la filature, au tissage, à la confection et à la vente en boutique ! La division internationale du travail est toujours intervenue à un stade ou à un autre et les mercantilistes anglais du XVIIe siècle savaient qu'il faut importer bon marché pour pouvoir réexporter. La nouveauté est qu'aujourd'hui, il y a décomposition et spécialisation internationale au sein d'une même entreprise. Nous pouvons même estimer que l'on retrouve avec la firme transnationale en réseau certains aspects du *Putting Out System*[36], mais avec une division spatiale du travail élargie à la planète. Et l'essentiel de la valeur ajoutée reste au « centre » : le coordinateur d'un travail divisé ne réussit-t-il pas à capter ce que Marx nommait la plus-value extra ?

Mais cette stratégie qui consiste à « donner des grives au loup », à laisser partir les activités de main d'œuvre peu qualifiée pour conserver les activités les plus qualifiées, suppose que les perdants soient aidés, que les gains des uns viennent compenser les pertes des autres, que des politiques de (re)qualification soient menées sur une grande échelle.

Un système social avancé n'est pas un handicap

La situation sociale se dégrade en France et le malêtre social s'accroît dans les classes populaires et de

36. Système productif typique du XVIIIe siècle où un donneur d'ordres donnait à façon à de multiples ateliers plus ou moins disséminés dans les campagnes, plus ou moins dépendants (système dit aussi du marchand-fabricant ou *VerlagSystem*). Le *Factory System* (manufactures ou usines) réunissait sur place tous les éléments de la division technique du travail. Il finit par éliminer l'ancien système au cours du XIXe siècle (dans la soierie lyonnaise, il survécut – les canuts – jusqu'au milieu du XXe siècle et à Prato, dans l'industrie de la laine, il rebondit à la fin de ce même siècle). Le recours aux façonniers et aux sous-traitants est un renouvellement de l'ancien système. 37. Du fait en particulier de la politique de désinflation, de la désindexation des salaires sur les prix.

plus en plus dans les classes moyennes surtout lorsqu'elles se comparent, qu'elles se sentent rattrapées par le bas, distancées par le haut. Prolétarisation et paupérisation relative voire parfois absolue comme aurait dit Marx ! Paradoxe : depuis qu'il est « mort », Marx n'a-t-il pas raison ? Si, depuis 1990, la stabilité domine lorsque l'on regarde les seuls grands agrégats (la part des salaires dans la valeur ajoutée ou les différences entre les 10 % des salariés les moins payés et les 10 % les mieux payés), des différences et des inégalités s'affirment quand on affine le regard.

Si nous observons le partage de la valeur ajoutée entre le travail et le capital – entre les salaires bruts et les revenus de l'entreprise ou l'excédent brut d'exploitation, les années 1974-1981 apparaissent comme une période exceptionnelle : la part des salaires y augmente fortement, maximum proche de 70 % en 1981, du fait du brutal ralentissement de la croissance, les salaires continuant à croître sur leur lancée. À partir de 1982 et jusqu'en 1990, la baisse de cette part est très forte[37] et nous retrouvons le niveau des années soixante et la moyenne longue,

37. Du fait en particulier de la politique de désinflation, de la désindexation des salaires sur les prix.

63 %. Par la suite, cette part fluctue autour de ce chiffre. L'intensification de la mondialisation avec les années quatre-vingt-dix ne s'est donc pas accompagnée d'une diminution de la part globale des salariés.

Si l'excédent brut d'exploitation, disons les revenus du capital, oscille fortement autour de sa moyenne longue (31 %) depuis le début des années quatre-vingt-dix, il faut préciser qu'en son sein, la part des intérêts a fortement baissé avec le désendettement (de 8 % à 2,5 % du PIB), les dividendes des actionnaires ont augmenté (de 5 % à 7 %), l'épargne des sociétés disponible pour l'autofinancement des investissements s'accroissant jusqu'en 1998, baissant ensuite pour osciller autour de 15 %. Il faut compléter l'évolution de ces revenus par l'observation de l'exceptionnelle croissance de la valeur des actifs financiers et immobiliers depuis une vingtaine d'années accompagnant l'intensification d'une spéculation financière qui prend le canal des achats-ventes d'entreprises par les fonds d'investissement. Elle donne au capital une situation historiquement favorable.

Regardons maintenant l'évolution des revenus du travail. La part des salaires bruts – y compris l'ensemble des cotisations, soit le coût salarial – est stable, ils croissent donc comme le PIB autour de 1,5 ou 2 %. Mais le pouvoir d'achat des salaires nets *moyens* n'a augmenté que de 1 % par an depuis 1995. Pour les salariés à temps complet, le pouvoir d'achat ne s'est accru que pour les 10 % d'en bas (grâce à la croissance du Smic) et les 10 % d'en haut. En 2006, les 10 % les moins bien payés ont un salaire net mensuel au-dessous de 1 000 euros [38] et les 10 % les mieux payés un salaire net supérieur à 3 000 euros, une différence de 1 à 3 qui est stable depuis vingt ans. Cela donne une fausse impression d'égalité maintenue.

En réalité, les évolutions comparatives des revenus sont plus inégalitaires [39]. À l'arrière, un groupe est lâché, celui des grands précaires, des chômeurs en fin de droits, des Rmistes et des jeunes qui n'y ont pas droit, des *Working Poor* qui vivent de « petits boulots » – 1,3 millions de travailleurs pauvres [40]. Ils tendent à constituer un *Lumpen prolerariat*, le

38. Juillet 2006 : Smic brut mensuel (35 heures) 1254 € ; Smic net 984 € .

39. Si nous considérons les niveaux de vie individuels (tirés des revenus disponibles des ménages divisés par le nombre d'adultes), en prenant en compte toutes les redistributions (enquête INSEE/DGI 2004), les 10 % les plus pauvres ont moins de 753 €, les 10 % les plus riches plus de 2 365 € (niveau de vie moyen de 1 500 €, niveau de vie médian de 1 314 €).

40. Au-dessous du seuil de pauvreté (645 € /mois), soit 5 % des 26 millions d'actifs.

prolétariat en haillons de Marx. Au-dessus d'eux, un peloton se forme et même se resserre avec la croissance du Smic et la « Smicisation » d'un nombre croissant de salariés – les revenus au-dessus du revenu minimum stagnant relativement, ils se font rattraper, c'est « l'effet râteau » du Smic. Les revenus des 10 % de ménages en bas de l'échelle se sont accrus de 20 % entre 1996 et 2004, mais l'augmentation est de plus en plus faible à mesure que l'on monte l'échelle des revenus, sauf pour les 10 % de revenus les plus élevés (croissance de 18 %) [41].

À l'avant, une échappée est en cours. Les 10 % des ménages les plus riches qui détenaient déjà 22,5 % du pouvoir d'achat des Français en 1990 en obtiennent 24 % en 2004. D'où la formation *d'une courbe en J* avec l'affaissement relatif des classes intermédiaires, croissance du Smic et du nombre de Smicards

41. Entre 1996 et 2004, le revenu disponible des ménages (en prenant en compte l'ensemble de la redistribution) croît au taux moyen annuel de 2,7 % pour les 10 % les plus pauvres, le pourcentage décroît régulièrement à mesure que l'on passe à des déciles supérieurs, le plus faible pourcentage étant celui du neuvième décile (1,7 %), à l'exception des 10 % les plus riches qui voient leur revenu croître au taux de 2,3 %, sans tenir compte de l'accroissement des revenus du patrimoine (or les revenus immobiliers ont eu une croissance plus forte : + 3,5 %/an), ni bien sûr de la valeur des patrimoines (CERC, 2006).

d'un côté, des revenus des plus riches, surtout du fait des revenus de la propriété, de l'autre. À ces inégalités s'ajoute celle de l'âge : l'inégalité est nettement plus forte lorsque l'on regarde les tranches d'âge plus jeunes, et les « seniors » ont fortement amélioré leur position en termes de revenus et surtout de patrimoine depuis vingt ans au détriment des « juniors ».

Mais l'échappée des hauts revenus n'est pas très visible avec ces lunettes grossières. Si on décompose la catégorie des 10 % des ménages les plus riches, on s'aperçoit que leurs revenus croissent de plus en plus rapidement à mesure que l'on gravit les échelons. La courbe en J se fait exponentielle[42], le plus spectaculaire étant l'accroissement des rémunérations des dirigeants d'entreprises, salaires et surtout stock options. Nous savons qu'aux États-Unis le salaire moyen du Pdg est passé de quatre-vingt-cinq fois celui de son employé moyen en 1990 à cinq cents fois en 2000. Mais l'évolution est similaire en

42. En ne retenant pratiquement que les salaires, le revenu minimum des 5 % les plus riches sont passés (entre 1996 et 2004) de 56 264 à 62 095 euros alors que les 10 % de ménages les plus pauvres ont des revenus disponibles inférieurs à 11 500 € /an, selon les données de l'Insee pour 2004. Sur les mêmes bases essentiellement salariales, le revenu minimum des la propriété, mais ils sont mal connus à ces niveaux où ils deviennent essentiels, ce qui enlève beaucoup de leur signification à ces chiffres.

France[43] où, pour les rémunérations, nous assistons à un véritable « vertige de hausse ». En outre, les inégalités de patrimoine sont beaucoup plus importantes que celles de revenus ; elles se sont encore accrues depuis les années quatre-vingt-dix avec l'envolée des prix des actifs financiers et immobiliers[44].

Les sept dixièmes des Français qui constituent les classes moyennes et ont des revenus qui stagnent relativement, sont pris en tenaille entre la « smicisation » qui progresse et la hausse des revenus du haut de l'échelle, sans parler des vertiges du sommet, tandis que les classes populaires « smicisées » voient, sous elles, gonfler l'importance et le risque du paupérisme, de la précarité et de l'exclusion. Nous comprenons dès lors le malaise social français, nous devrions comprendre également que les plus riches

---

43. La rémunération moyenne hors stock option d'un dirigeant du CAC 40 est de deux millions d'euros. Ces émoluments se sont accrus de 36 % en 2000, 20 % en 2001, 13 % en 2002... En 2004, ces Pdg ont reçu en moyenne l'équivalent de 162 années de Smic en salaires et de 204 années de Smic en stock options (CERC, 2006). Quant à l'évolution réelle du revenu moyen du centile supérieur (encore 600 000 personnes), elle reste, aujourd'hui, impossible à préciser.
44. 1 % des ménages possède aujourd'hui près de 15 % des actifs (contre « seulement » 8 % des revenus) et 10 % des ménages près de la moitié des patrimoines.

dansent au-dessus d'un volcan : volcan économique du fait des excès de la spéculation financière et volcan social. Il est évidemment tentant pour leurs représentants de se défausser sur la mondialisation. *Elle fait un coupable très présentable et bien commode.*

Mais la dégradation de la situation sociale n'est pas due simplement à la mondialisation et les appels, sur cette base, au protectionnisme ne sont pas justifiés. Des salaires relativement élevés, un modèle social généreux sont parfaitement compatibles avec la position de la France dans la compétition mondiale. Celle-ci, ne l'oublions pas, est forte : quatrième ou cinquième exportateur mondial, elle détient 5,2 % du marché mondial. La faiblesse principale de la France est la modicité de la croissance, mais elle n'y est pas condamnée par la mondialisation et sa compétitivité internationale peut être améliorée en termes de positionnement sectoriel et géographique, en faisant un effort d'investissement, en jouant sur l'innovation, les connaissances et la qualité, mais absolument pas sur les bas salaires et le travail peu qualifié.

Nous avons vu que l'effet de convergence des revenus des facteurs à l'échelle internationale n'a pas joué. Les salaires des moins qualifiés ont augmenté, le Smic croissant jouant son rôle de bouclier salarial et les salaires des plus qualifiés ne se sont pas accrus plus fortement que le Smic.

En revanche, les allègements dégressifs de charges patronales sur les salaires jusqu'à 1,6 du Smic horaire produisent un effet de seuil considérable ; il s'agit d'une absurde incitation à ne pas augmenter les salaires. Avec « l'effet-rateau » des augmentations du Smic, il s'agit d'une cause majeure de cette « Smicisation » catastrophique, et qui n'a rien à voir avec la mondialisation.

Quant au vertige de hausse des rémunérations des grands Pdg, il s'explique par la réforme des années quatre-vingt qui a indexé de fait leur rémunération sur le rendement des fonds propres. Certes, ils la justifient par la concurrence mondiale sur les très hautes qualifications, une justification en trompe l'œil puisque non seulement elle est jusqu'à deux ou trois fois supérieure en moyenne à celle d'autres pays similaires (Italie, pays nordiques), mais qu'il n'y a pas une telle rareté de ces talents pour que l'on ne puisse trouver d'excellents Pdg payés « seulement » cent fois plus qu'un employé moyen !

Reste évidemment le rôle du chômage. Nous avons là la cause essentielle de la grande modération salariale et de la « Smicisation ». Mais, tous effets compris, nous savons qu'au maximum, la mondialisation n'est responsable que de 10 % de ce chômage, étant entendu que la pression est plus forte sur les peu qualifiés. 10 %, ce n'est pas rien, mais ce n'est qu'à ce degré que la concurrence des pays émergents, les bas salaires indiens et chinois, les délocalisations pèsent sur les salaires des travailleurs français, freinent les augmentations au-delà de celles qui sont imposées par le Smic. Que la croissance économique reprenne, le chômage d'origine interne se réduira et les salaires se redresseront.

Certes, au-delà même du chômage effectif qu'elle contribue à accroître, la globalisation a modifié le rapport de force au sein des entreprises entre les salariés, surtout les moins qualifiés, et les propriétaires du capital ou les managers, dans la mesure où l'employeur peut exercer un chantage permanent : à la menace individuelle de licenciement qui prend appui sur le chômage s'ajoute, dans les entreprises soumises à la concurrence des pays émergents, la menace collective de la fermeture sous les coups de celle-ci et des délocalisations (Denis, Mc Morrow, Röger, 2006) [45].

45. Inversement, ceux qui sont dotés de qualifications rares et précieuses peuvent faire jouer la menace du départ à leur avantage.

Mais, est-ce la concurrence étrangère qui explique la façon dont sont traités les salariés dans les secteurs protégés, par exemple dans les entreprises de distribution ? Ce qui peut se comprendre lorsqu'il s'agit de l'industrie textile « exposée » ne peut l'être lorsqu'il s'agit des caissières de Carrefour, Auchan ou Leclerc en France et, pire encore, des employés de Wal-Mart aux États-Unis ils sont considérés comme *a disposable commodity* (salarié jetable).

Nous pourrions cependant estimer que, si la concurrence des produits étrangers ne jouait pas dans ces secteurs protégés (par définition), en revanche la concurrence des capitaux intervient. L'argument n'est qu'en partie valide.

D'abord, les capitaux ne sont pas rares aujourd'hui, mais surabondants mondialement et il n'y a pas de base objective à la hausse des taux de profit. En outre, nous le verrons, les pays émergents surtout la Chine sont des fournisseurs massifs d'épargne ! Les entreprises françaises devraient-elles, pour survivre ou pour croître, garantir un rendement sur fonds propres de 15 % à leurs actionnaires, sans quoi ils iraient placer leurs capitaux ailleurs ? Les économistes reconnaissent que de tels taux de rendement sont historiquement aberrants, insoutenables à terme (Artus, Virard, 2005) et non-fondés économiquement, si ce n'est du fait du rapport de force que le chômage engendre. En outre, il est souvent plus utile pour l'entreprise de fidéliser un actionnariat qui ne cherche pas une maximisation de très court terme, d'où d'ailleurs l'efficacité du capitalisme familial ou des mutuelles. Enfin, s'il est classique que les employeurs cherchent à accroître leurs profits en pressurant les salariés, cette politique est inefficace à moyen terme. Des salaires élevés accroissent l'efficience des salariés – surtout quand il s'agit de travail qualifié, c'est le ce que l'on nomme le « salaire d'efficience », réduisent le *turnover* coûteux, renforcent l'attachement à l'entreprise, la *loyalty* à son égard et donc la recherche de la qualité.

Il faut donc que la politique économique, la législation sociale et des syndicats plus puissants évitent cette dérive nuisible à tous, y compris aux entreprises qui s'y livrent ou y sont livrés. Il faut tempérer l'avidité capitaliste (le terme anglais *Greed*, typiquement employé dans les années trente [46]) et encadrer les institutions qui y concourent, les *stock-options*, par la législation. Ces réglementations nécessaires ne sont pas contradictoires avec le fonctionnement du capitalisme ni avec la mondialisation, au contraire.

46. Par exemple, dans le célèbre discours de Chaplin à la fin du *Dictateur*.

Des salaires élevés sont-ils un handicap pour les économies très développées comme la France ? Le discours patronal type, repris par de nombreux médias, soutient que les salaires et les charges salariales sont trop élevés, que le « modèle social » est trop généreux, que le salaire minimal « casse les bras » de l'entreprise française face à ses concurrents et sont cause de la désindustrialisation.

Ce discours est erroné. Nous pouvons conserver des salaires élevés, y compris des salaires relativement élevés pour les non-qualifiés (donc le Smic), et le volume de la protection sociale.

Il faut d'abord souligner que la question du niveau des salaires et de la protection sociale est différente de la question des modalités de cette protection sociale. Ce qui peut et doit être accru, c'est le niveau des salaires et de la protection sociale. Mais la réforme des modalités de ce « modèle français » s'impose.

Rappelons ensuite que la faiblesse de la demande globale à l'échelle européenne (et non pas seulement nationale), une demande liée au niveau des salaires, ne peut qu'avoir des conséquences négatives sur la croissance et l'emploi.

Enfin, précisons à nouveau que, dans les relations internationales, ce sont les coûts relatifs qui importent et qu'une hausse des coûts salariaux, particulièrement des salaires des travailleurs non qualifiés, ne peut que renforcer l'avantage comparatif des pays les plus développés vers les productions intensives en travail qualifié et en « machines ».

Revenons un instant à la théorie. Considérons un pays (la France) doté relativement de beaucoup d'équipements et de travail qualifié, de peu de travail non qualifié par rapport à un pays aux dotations inverses (la Chine). Si la France était isolée, les salaires des non qualifiés y seraient relativement élevés, les rémunérations du capital et du travail qualifié relativement faibles [47] et, les échanges s'ouvrant entre les deux pays, elle exporterait les biens intenses en capital et en travail qualifié pour lesquels elle a un avantage comparatif. Si elle réduisait les salaires des non qualifiés, elle réduirait du même coup son avantage comparatif et si, inversement, elle les élevait artificiellement (hausse du Smic) elle l'accroîtrait (mais il y aura du chômage de travailleurs non qualifiés). *En d'autres termes, loin de chercher à copier la structure des coûts du pays émergent, il faut s'en éloigner* : créer des connaissances, du capital humain,

47. Avec la Chine, l'écart pour les salaires non qualifiés est de 1 à 25 et pour les salaires très qualifiés de 1 à 13 seulement.

former les hommes et investir, au lieu de baisser le coût salarial des moins qualifiés !

Nous pouvons donc admettre que le chômage des non qualifiés augmente à la suite d'une hausse du Smic, mais pas que celle-ci nuise à l'équilibre et au volume du commerce extérieur ; quant à l'industrie *high-tech* de la France, elle en bénéficiera. La solution sera interne à l'économie nationale : produire des travailleurs qualifiés et si possible à partir des non qualifiés.

Certes aucun entrepreneur n'a jamais été convaincu par David Ricardo [42]. S'il est trop cher parce que ses coûts salariaux sont trop élevés et trop croissants, la théorie des coûts comparatifs ne l'aidera pas. Mais, redisons-le, la nation n'est pas une entreprise, ni une somme d'entreprises (Krugman, 1997) et il faut se garder des « sophismes de composition » [48].

D'ailleurs, même si nous nous contentons de regarder ce qui se passe au niveau des coûts absolus, que comptent les salaires et les charges dans de nombreuses entreprises relativement capitalistiques et plus encore que représentent les salaires des non

48. Le théoricien du libre-échange que fut J. B. Say était lui-même entrepreneur. Du fait de la concurrence de l'industrie cotonnière anglaise, il fit faillite. Il n'en resta pas moins un libre-échangiste convaincu.

qualifiés dans une entreprise qui utilise surtout du travail qualifié ?

Si, comme dans de nombreux secteurs manufacturiers exportateurs, les salaires ne représentent que 8 %-10 % du coût total, un accroissement de 10 % des salaires n'aurait que des effets modestes sur le coût de production [49]. Même lorsque les salaires sont, par exemple, cinq fois moins élevés, ces différences ne sont pas décisives pour la compétitivité du produit [50].

Face à cela, des freins aux délocalisations tiennent aux économies d'échelle réalisées sur place, aux déterminations historiques, aux coûts divers du déplacement : les investissements cumulés au cours du temps sur tel site font que les coûts fixes irrécouvrables peuvent être souvent considérables et qu'il devient ruineux de le fermer. C'est vrai aussi de la

49. Si les entreprises se sont localisées pour bénéficier du marché intérieur et que les coûts salariaux représentent un poids équivalant les coûts de transport, une hausse des salaires ne risque guère de provoquer une délocalisation si celle-ci double les coûts de transport (Fontagné, Lorenzi, 2005, p. 47).

50. Sur une voiture dont le coût total est de 15 000 euros, si les salaires sont de un à cinq et la productivité de un à deux, cela économiserait un peu plus de 700 euros, soit 4,5 %. Or il faut tenir compte des transports, de la disponibilité et de la proximité des sous-traitants, de la qualité du travail…

nécessité de financer des plans sociaux coûteux – mais elle joue aussi négativement en rendant l'entrée moins attractive par crainte d'un éventuel coût de sortie.

D'ailleurs les délocalisations affectent également des pays avec des niveaux de salaire plus faibles que la France (ainsi la Corée du Sud, Taiwan, Singapour), voire très faibles, en particulier ceux qui sont en concurrence directe avec les productions de la Chine – les exportations textiles chinoises mettent davantage en péril la Tunisie ou le Maroc, le Cambodge ou le Vietnam.

D'autre part, nous observerons qu'il existe des secteurs où il n'y a guère de salariat et où le droit social, les contraintes sur les licenciements jouent donc fort peu et qui sont cependant en crise, secteurs concurrencés par des pays où les revenus sont pourtant plus élevés, ou aussi élevés qu'en France. Ainsi la viticulture française qui bénéficie indéniablement d'un haut niveau de qualité est aujourd'hui en crise du fait de politiques de marque et de distribution probablement inadéquates, d'une trop faible prospection des marchés. Il n'est guère possible d'expliquer la progression des vins californiens ou australiens par rapport aux vins français par le « modèle social » français.

L'aspect localisation pour se rapprocher du marché est essentiel. Si de ce fait il y a des localisations de nouvelles usines au cœur des marchés émergents, cela explique aussi les localisations sur le territoire français. Les politiques qui bloquent l'évolution des salaires et l'expansion du marché interne sont dangereuses en ce qu'elles réduisent l'intérêt pour les localisations dans l'hexagone, aussi bien de firmes françaises qu'étrangères. Les IDE qui entrent en France le font en vue du débouché et le débouché français est un « avantage comparatif » pour attirer les investissements directs. Si nous ne sommes plus au temps où, pour relancer l'économie, il suffisait de faire croître la demande nationale (cela ne pourrait être réalisé qu'à l'échelle européenne) le marché national reste essentiel pour retenir et attirer les localisations et les politiques déflationnistes sont à cet égard dévastatrices.

Surtout, ce qu'il faut dire et répéter à l'entrepreneur sceptique devant la théorie des coûts comparatifs, c'est que la forte croissance des marchés mondiaux, surtout des pays émergents, offre des débouchés potentiellement considérables aux exportations françaises, s'ils vendent cher des produits de qualité incorporant des connaissances, renouvelés par des innovations de toute espèce, et non pas s'ils cherchent à rivaliser en bon marché avec le travailleur indien ! Aux anciennes campagnes frileuses du « achetons français » doivent succéder des actions « vendons français » ou plutôt « vendons des marchandises dont une part importante de la valeur ajoutée est française ».

Changer pour résister

Le problème auquel nous, français et européens, sommes confrontés n'est pas tant une question d'espace, la mondialisation, qu'une question de temps, la rapidité du changement. Un changement auquel il ne suffit pas de s'adapter, mais qu'il faut anticiper. Il ne s'agit pas de déplacer des facteurs de production vers des secteurs existants, mais d'innover : innovations majeures, amélioration de la qualité, nouveaux produits et nouveaux procédés. Il nous faut devancer le temps, un temps qui court de plus en plus vite ! La mondialisation ne fait que rendre plus sensible cette contrainte, plus fort cet impératif (et en cela aussi elle est positive). Pour un pays, se protéger, c'est aussi se fermer aux innovations, celles qui viennent de l'extérieur et celles que la compétition impulse à l'intérieur. Certes cela permet d'éviter certains coûts sociaux d'adaptation et peut sembler avantageux à court terme, mais cela s'avère catastrophique dans le plus long terme. Un pays comme la Chine, fermé aux Révolutions industrielles de la fin du XVIIIe et du XXe siècle, commence à peine à s'en remettre !

Nous pouvons avoir la nostalgie du maréchal-ferrant sur la place du village, à l'ombre des tilleuls, mais ce temps est passé ! Concurrence chinoise ou non, il nous faut innover constamment. Et, loin des discours négatifs, la France, l'Europe ont les atouts en main pour le faire. Mais, ces atouts, il faut les revivifier par l'éducation et la recherche, en encourageant les entreprises innovantes et exportatrices au long cours, par des politiques économiques d'investissement et de croissance, par de nouvelles politiques industrielles incitatives visant à développer les externalités positives. Ne diabolisons pas la mondialisation, corrigeons nos faiblesses.

Ces faiblesses sont diverses et se renforcent en engendrant un système perdant. Elles sont nationales et européennes, particulièrement dans la zone euro. Les réformes qu'impose l'élimination de ces faiblesses internes ne sont pas celles mises en avant par ceux qui, jouant de la peur de la mondialisation, visent non pas à accroître la productivité, mais à modifier la répartition entre salaires et profits à l'avantage de ces derniers.

Économie de la connaissance et innovations

L'économie de la connaissance et la mondialisation concourent pour faire des innovations de toutes natures l'atout décisif dans la compétition mondiale. À cet égard, la France n'était pas, naguère, mal placée. Il suffit de penser à l'automobile, à l'aviation, au nucléaire, au TGV, mais aussi à l'industrie des vaccins, à celle de la mode et du luxe, aux succès rencontrés par la diversification et le renouvellement des produits. De nos jours, l'économie de la connaissance, les sciences et les techniques, le travail hautement qualifié sont les atouts dans une course de plus en plus rapide à l'innovation perpétuelle, à la diversification et au renouvellement incessants des produits et des procédés. Des atouts d'autant plus décisifs que dans la chaîne de production de la valeur, ce qui compte aujourd'hui, c'est le travail hautement qualifié, la recherche, les connaissances, l'innovation. Les spécialisations les plus intéressantes pour l'avenir sont là, statiquement, comme fraction de la valeur ajoutée, et dynamiquement, comme moteur du progrès. Il faut aller vite et des phénomènes d'irréversibilité sont à l'œuvre massivement : nous avons perdu la révolution des TIC, nous sommes en voie de perdre la révolution des industries biologiques et de la santé.

Or l'économie française ne s'oriente pas dans les directions souhaitables. L'évolution depuis quinze ans ne confirme pas, au contraire, d'amélioration des avantages comparatifs de la France pour les biens et les services incorporant du travail qualifié et des connaissances. Les échanges français ne s'orientent ni vers les hautes technologies, ni vers la qualité. Les forces du marché global devraient orienter spontanément dans ces directions une économie mal positionnée pour les productions intenses en travail simple. Cette évolution est bloquée dans la mesure où les dotations en travail qualifié et recherche ne sont pas suffisamment accumulées. Et il n'y a pas d'orientation volontariste.

Pour que l'économie française s'oriente vers les secteurs utilisant intensivement le capital humain et les connaissances, il faudrait qu'il y ait une création durablement soutenue de ces facteurs de production. Il ne suffit pas de croire que l'histoire a donné, une fois pour toute, à la France, un avantage dans ces domaines. Nos lauriers sont coupés ! C'est le problème de la grande faiblesse de l'orientation professionnelle et de l'apprentissage qualifiant, de l'enseignement supérieur, de la recherche privée et publique. La compétitivité de la France ne se trouve pas en échec au niveau des biens, mais au niveau de la production des facteurs de production de ces biens et services : capital technique – trop faible investissement, mais surtout capital humain et connaissances – faiblesse croissante de l'enseignement, effondrement des universités, faiblesse de la recherche privée et publique, fondamentale et appliquée. Le danger est d'ailleurs aussi européen. Depuis quinze ans, il y a eu un accroissement de 40 % de la R&D réalisée à l'étranger, la Chine et l'Inde devenant des destinations de plus en plus importantes pour la localisation de laboratoires de recherche. La différence est nette avec les États-Unis qui ont accru leur part dans les dépenses de R&D internationalement mobiles (Denis, Mc Morrow, Röger, 2006) sur cette même période.

Le système français de l'innovation est cassé.

D'un côté, nous avons largement perdu l'innovation à la française : grandes firmes publiques, grands instituts de recherche (CNRS), grandes écoles, grands moyens, grands projets, en brisant les entreprises et les politiques publiques, en cassant les monopoles. Les tentatives récentes ne se développent pas dans un climat encourageant. L'Europe a joué un rôle dans cette destruction. Il faut souligner la disparition des politiques industrielles nationales et l'absence de politiques industrielles européennes. La seule stratégie industrielle européenne est la politique de la concurrence destinée à renforcer la stratégie de désinflation compétitive.

De l'autre côté, nous avons laissé disparaître la filière innovatrice diffuse et décentralisée, à l'américaine : petites entreprises novatrices, universités, centres de recherches décentralisés.

De fait, contrairement à ce que l'on croit souvent, les États-Unis ont toujours soutenu ces deux filières. C'est le cas en particulier pour la défense nationale mais également celui des industries des biotechnologies et de la santé. La recherche engagée par les entreprises et les universités est massivement soutenue par l'État et les agences gouvernementales et ces industries bénéficient d'une demande très dynamique. L'Europe, la France surtout, voit essentiellement dans la santé des dépenses qu'il faut réduire, « maîtriser », et non une industrie en forte croissance, innovante et qui tire l'ensemble du secteur des « technologies biologiques et sanitaires » dont la mondialisation va décupler les débouchés dans la prochaine décennie (Guillaume, 2004). De même la R&D dans le secteur des technologies durables, écologiquement neutres, devient essentielle.

Croître, investir, s'adapter !

La croissance française et européenne est trop faible depuis quinze ans. Cela tient en partie à la stagnation du pouvoir d'achat des salariés. Celui-ci ne s'est pratiquement pas accru depuis vingt ans. Cette stagnation historique a des conséquences sur la faiblesse du taux d'investissement. Rappelons en effet que l'investissement interne a comme base le marché interne. Et parmi les raisons d'une localisation d'une entreprise en France, de l'entrée d'un investissement direct étranger, les entrepreneurs eux-mêmes ne mettent-ils pas en avant le marché intérieur ? C'est surtout à l'échelle du continent européen qu'il y a une place pour une stratégie d'accroissement de la demande globale. En l'absence de croissance du marché local et européen, nous pouvons seulement compter sur l'augmentation de la demande extérieure, d'autant plus qu'elle tend à se détacher des productions françaises et européennes qui ne peuvent se renouveler suffisamment, faute de croissance et d'investissements porteurs d'innovations. C'est un cercle vicieux !

En ce qui concerne la France, la faiblesse du taux d'investissement – et un taux d'épargne de précaution élevé – ont produit jusqu'en 2003 une « mauvaise » balance courante excédentaire, un excédent dû à la stagnation. Le risque est devenu celui d'une « mauvaise » balance déficitaire, le déficit ne venant pas d'une hausse des importations, mais d'exportations stagnantes. La faiblesse de l'investissement est une des causes importantes de la réduction de la compétitivité française, particulièrement par rapport à l'Allemagne (Rexecode, 2006).

Liée à cette faible croissance, rappelons la trop modeste adaptabilité des structures productives et de l'emploi. On s'adapte mieux en expansion. Une crise forte et brutale suivie d'une reprise puissante et durable peut accélérer l'adaptation, mais l'enlisement est la pire des hypothèses. Si la dimension macroéconomique est centrale dans la persistance du chômage, les dimensions institutionnelles n'en sont pas moins importantes : nous connaissons le coût et l'inefficacité de certaines modalités de protection des chômeurs.

Faut-il accroître la durée du travail sur la vie en repoussant l'âge de la retraite ? Il le faudra. Mais tant que le taux de chômage reste au-dessus du taux d'équilibre, disons tant qu'il est supérieur 6 %, cela pose autant de problèmes que cela en résout. D'un côté, il faut trouver une solution au financement des retraites, mais de l'autre, en gonflant ainsi l'offre de travail, on pèse négativement sur l'emploi. Il est cependant possible d'envisager l'avenir sur le terrain de l'emploi avec optimisme dans la mesure où on est arrivé au temps des classes creuses avec le départ des générations du *baby boom*, à condition que la croissance revienne grâce à d'autres politiques macroéconomiques et que le fonctionnement du marché du travail soit amélioré. De même il deviendra alors souhaitable de permettre l'accroissement des contingents d'heures supplémentaires, à la condition que celles-ci bénéficient de majorations légitimes (25 %, puis 50 % au-dessus d'un certain seuil).

Les politiques macroéconomiques, le change, l'Europe

Les politiques de désinflation compétitive, les choix incohérents de *policy mix*, la concurrence fiscale et sociale, les privatisations et l'affaiblissement des services publics ont dessiné une politique européenne : monnaie forte, *benign neglect* du chômage, faible croissance.

Aux problèmes posés par le défaut d'intégration européenne (Sapir, 2004) ou plus précisément par le fait que nous sommes « au milieu du gué » avec une intégration suffisante pour brider les politiques nationales, mais insuffisante pour en mener une collective, il faut ajouter ce qui vient directement de l'Europe. Du fait des échecs de l'intégration européenne, de l'euro, de la coordination des politiques nationales (Aghion, Cohen, Pisani-Ferry, 2006). Mais aussi de l'orientation même des politiques implicites, mais effectives, de l'Europe (Fitoussi, Le Cacheux, 2005). La concurrence sociale et fiscale n'est pas une fatalité d'ordre naturel, elle est voulue dans l'optique de la désinflation compétitive, de la recherche d'une redistribution privé-public au profit de la première sphère.

La raison profonde du non français à la Constitution européenne est la conscience des citoyens qu'il existe une telle politique européenne. Ils la nomment néo-libérale en ce qu'elle est orientée vers les marchés, la concurrence. Ce n'est pas faux. Mais cette politique est aussi trop durablement restrictive.

Il est des politiques libérales qui sont orientées en sens inverse et il suffit de penser à celle des États-Unis. Une des raisons de la persistance, contre toute logique, de ces politiques orientées vers la maîtrise d'une inflation disparue – sauf pétrole et actifs immobiliers – est l'inertie, inertie que l'on peut observer pour la politique monétaire. Celle-ci tient à ce qu'il n'existe pas de direction politique unique, pas de gouvernement européen et pas de coordination efficiente : nous restons sur les sentiers battus en sachant que toute modification poserait de nouveaux problèmes. Les politiques macro-économiques des nations européennes sont anti-coopératives, chaque pays visant à accroître sa part du marché (européen et mondial) en réduisant sa consommation nationale (un cas-type est celui de l'Allemagne), au détriment de la demande globale européenne (y compris de l'investissment) et finalement de la croissance de tous et de chacun des pays européens (n'oublions pas que les trois quarts de notre commerce international est intra-européen). Et la seule façon d'obtenir des politiques coopératives est un pouvoir commun qui les impose et qui, en les imposant, produit le bien commun.

Un des aspects importants de la politique européenne est la politique du taux de change, évidemment liée à la politique monétaire de la BCE, mais pas seulement. En 2007, l'euro est surévalué de 15 % par rapport au dollar, de 40 % à 50 % par rapport au yen et plus généralement aux monnaies asiatiques, quant au yuan chinois, très approximativement, de 60 à 70 % [51]. Or, l'une des leçons majeures de l'histoire, c'est le danger pour la croissance et l'emploi d'une telle surévaluation structurelle de la monnaie. Nous avons là une cause importante de la stagnation sur le plan interne et des difficultés des balances commerciales sur le plan externe [52]. Faut-il employer, à l'instar des États-Unis, la menace d'un recours au protectionnisme pour obtenir du Japon et de la Chine une politique de réévaluation de leurs monnaies ? Ce n'est pas opportun vis-à-vis du Japon qui sort à peine de dix ans de déflation et a besoin d'un yen faible. Cela pourrait devenir nécessaire vis-à-vis de la Chine pour l'inciter à rééquilibrer sa croissance, aujourd'hui exclusivement extravertie, vers son marché intérieur. Mais avant de parler de protection-

51. Une évaluation en parité de pouvoir d'achat (PPA) pour des pays émergents aux salaires très faibles n'a pas de signification (l'équilibre supposerait que le yuan soit multiplié par cinq !).
52. Sauf pour un pays aux exportations de biens à élasticités prix très faibles (biens de haute technologie, biens de luxe)

nisme européen, commençons par mettre en œuvre une politique européenne de change raisonnable [53].

L'Europe comme grand marché a eu une efficience statique modeste mais réelle – effet direct *via* la spécialisation, les économies d'échelles, l'incitation concurrentielle. L'ouverture de l'Europe sur le monde a probablement été bénéfique, non seulement pour l'objectif de la paix, mais aussi économiquement pour l'Europe et pour le monde. L'efficience dynamique (effet indirect par l'encouragement de l'investissement, le climat général des affaires, les répercussions systémiques dans un cadre d'équilibre général) a été probablement élevée jusqu'en 1989-1992. Aujourd'hui l'absence d'unité institutionnelle, la concurrence sociale et fiscale, la surévaluation de l'euro, les politiques « compétitives » qui restreignent la croissance de la demande globale, l'investissement et

53. Au-delà d'une intervention sur le marché des changes (vente d'euros contre les monnaies sous-évaluées), une telle politique n'est pas simple à mettre en œuvre. D'abord parce qu'elle dépend des autres nations et que les pressions à leur égard ne sont pas forcément efficaces. Ensuite, parce qu'il ne faut pas engendrer une inflation sur les biens qui sur-compense la baisse de la valeur externe de la monnaie, ou une inflation d'actifs (des taux d'intérêt plus faibles peuvent conduire à davantage de spéculation immobilière et-ou financière).

l'innovation lui donnent une efficience dynamique (modérément) négative, sauf pour les nouveaux entrants qui, souvent, jouent complètement le jeu de la compétition sociale et fiscale.

Enfin, les politiques macroéconomiques trop restrictives et trop peu réactives de l'Europe s'ajoutent à l'intégration mondiale des marchés financiers pour produire des décalages conjoncturels dommageables. Lorsque les États-Unis entrent en récession, ils y entraînent immédiatement l'Europe (intégration des marchés financiers, importance du marché européen, perte de confiance...). Après les récessions, les pays européens (la zone euro surtout) restent durablement « ensablés », l'Europe attendant d'être tirée par la reprise américaine. Elle redémarre donc lentement avec deux ans de retard sur les États-Unis. Il en résulte de courtes périodes d'expansion et une croissance moyenne sensiblement plus faible.

La place du volontarisme

Même si la France n'a subi que modestement, jusqu'ici, les effets négatifs de la mondialisation, il est souhaitable de mettre en œuvre des politiques plus volontaristes : politiques d'incitation et de collaboration entre l'industrie et l'État, politiques de contrôle suivies, éventuellement, de sanctions financières.

Dans les deux cas, la mise en place de ces politiques n'est pas simple. Tout particulièrement du fait de l'Europe et de la politique de la Commission européenne, surtout pour la concurrence. Et il faut être prudent. Éviter les rétorsions commerciales, rassurer les investisseurs pour faciliter les investissements directs étrangers (IDE), lutter contre la sclérose des entreprises faute d'une restructuration. Prudence, cependant, ne signifie pas lâche abandon !

La nouvelle théorie du commerce international fondée sur les avantages comparatifs construits a ouvert les portes aux nouvelles politiques industrielles. L'État doit pouvoir diriger les investissements vers des domaines où il peut escompter une amélioration future de l'avantage comparatif dans une activité d'avenir, créatrice de valeur ajoutée, productrice d'externalités positives à l'échelle d'un *district* ou d'un *cluster*, d'une région ou de la nation. L'État peut, stratégiquement, permettre à l'industrie nationale de prendre précocement des positions qu'il ne sera plus possible à la concurrence étrangère de contester, si ce n'est à un coût élevé, dans la mesure où nous sommes en présence de rendements croissants d'une forme ou d'une autre. L'articulation avec la production de connaissances et d'innovation, avec la recherche publique et privée, est cruciale dans la mesure où les externalités qu'elles engendrent, retombent sur des zones souvent voisines de leurs lieux de création. Nous savons qu'aux États-Unis la localisation des entreprises qui utilisent les technologies nouvelles – technologies de la communication, biotechnologies – est souvent dans le voisinage immédiat des universités qui les ont fait émerger et qui disposent du brevet.

P. Krugman est à la fois le théoricien principal de cette nouvelle théorie des relations internationales et celui qui a le mieux critiqué la « pop-économie ». Il sait que le libre-échange a perdu son statut privilégié, que les nouvelles politiques industrielles peuvent être efficientes, mais il connaît aussi le risque des rétorsions et la difficulté pratique de définir les politiques qui seront efficientes (Krugman, 1997, p. 207-215). L'État n'est pas toujours le mieux placé pour définir ces orientations, mais, là aussi, la collaboration de fonctionnaires, d'entrepreneurs, d'économistes, au sein d'agences de l'État, peut s'avérer efficace pour orienter une fraction de l'investissement et du financement de la R&D, du moins lorsqu'il s'agit de grands projets.

Certes la France a connu dans le passé des échecs

en la matière, du Plan calcul au Concorde, mais de nombreuses réussites ont permis de structurer l'industrie nationale jusqu'à aujourd'hui. Il est patent que l'État s'est souvent imposé et s'impose encore lorsque les grandes innovations nécessitent des investissements massifs, sur de nombreuses années, avec un manque de visibilité du résultat et lorsqu'il est nécessaire d'envisager une exploitation à perte sur plusieurs années. Nous pouvons critiquer le choix de la France en faveur de l'énergie nucléaire, mais ce choix fait, seule la participation de l'État rendait possible la réussite. Le TGV est un autre exemple de réalisation fondée sur de telles collaborations.

Au-delà des incitations, il reste possible de recourir au contrôle. Ainsi, par exemple, on peut pénaliser les réimportations par des droits de douane, des agences gouvernementales peuvent surveiller et réglementer les restructurations. L'État doit pouvoir accroître sa participation lorsqu'il y a un risque de contrôle étranger non désiré sur un champion national ou sur des entreprises stratégiques et il peut recourir à des nationalisations. Il est possible de dissuader certaines délocalisations estimées dangereuses en allant jusqu'à exclure des marchés publics les entreprises qui délocaliseraient ou de leur demander de rembourser les dégrèvements de charges et les subventions diverses obtenues.

Si cet arsenal existe, il ne doit être employé que dans des circonstances bien définies, en mesurant soigneusement tous les effets pervers étant donnés les risques de rétorsions et d'effets négatifs supérieurs aux effets positifs, particulièrement le risque d'empêcher l'implantation d'activités et d'entrepreneurs craignant d'être « pris au piège ».

Il faut être particulièrement vigilant à ce que, sous prétexte de « patriotisme économique », on n'impose pas à des entreprises nationales où la participation et l'influence de l'État sont importantes, d'acheter leurs moyens de production à d'autres entreprises nationales. Il peut arriver qu'une entreprise française ait une préférence irrationnelle pour l'étranger et ses produits, mais ce n'est guère fréquent. Il faut donc, en général, laisser les entreprises comme les individus libres de choisir ce qu'ils estiment leur convenir. Ne sont-ils pas les mieux placés pour en apprécier l'efficience ? Il ne faut pas revenir aux errements du passé quand, par exemple, on imposait au secteur public des systèmes informatiques peu performants mais français ou lorsque les campagnes « acheter français » étaient lancées. Les grandes entreprises nationales ne peuvent espérer gagner sur les deux tableaux : l'ouverture mondiale ou le privilège national selon ce qui les arrange, si par exemple Alsthom trouve des débouchés importants sur les marchés mondiaux, il n'est pas souhaitable que cette entreprise mette en question les choix de la SNCF pour une entreprise canadienne comme Bombardier !

Enfin, rappelons qu'en ces matières de politiques industrielles ou de contrôle, la France n'est plus libre de mettre en place des politiques néo-colbertistes. Elle fait partie de l'Europe et doit donc composer, d'où d'inévitables conflits avec la Commission européenne. Il serait d'ailleurs trompeur de dire qu'il suffit de s'y opposer pour triompher. Une grave crise européenne menant à un déchirement de l'Europe serait très dommageable économiquement et socialement. Il faut respecter les règles du jeu et que chacun sache qu'une menace de rupture n'est pas crédible. Il est possible de négocier, d'adapter certaines règles et de peser pour les infléchir ou les changer.

Certaines activités peuvent ou doivent être protégées de la concurrence étrangère et de l'appropriation par des capitaux étrangers privés ou publics. Ainsi en va-t-il des activités régaliennes ou stratégiques, de certains services publics, de certaines productions agricoles – à condition que les subventions soient remboursées à l'exportation pour qu'il ne puisse y avoir *dumping* sur les agricultures des pays pauvres. Et, évidemment[54], toute entreprise, tout travailleur, tout fournisseur de services opérant sur le territoire national doit être soumis à l'ensemble des règles nationales, qu'elles soient de droit public ou émises par les agences de régulation.

Au-delà de ces exceptions, le protectionnisme n'est pas aujourd'hui une solution à l'échelle nationale. Alors que le système productif français et européen a parcouru une part importante du chemin vers l'intégration mondiale, le protectionnisme nécessiterait son adaptation à rebours à un coût économique et social exorbitant. Cela permettrait sans doute de défendre, voire de développer, les secteurs de main d'œuvre peu qualifiée à débouché national, mais au détriment des activités fondées sur le travail le plus qualifié, des entreprises les plus performantes, celles qui ont pu se développer en s'appuyant sur les débouchés du marché mondial.

Nous ne pouvons nier que l'évolution récente a produit des perdants – individus, catégories sociales, bassins d'emploi ou régions. Et leurs pertes sont

54. Cela va sans dire, mais depuis une certaine circulaire européenne sur les services, mieux vaut rappeler cette évidence.

souvent importantes. Cependant, elles ne viennent pas, le plus souvent, directement de la mondialisation, mais des évolutions technologiques, du manque de souplesse des entreprises et des salariés à s'adapter à un monde changeant, de politiques qui, agitant la mondialisation comme un épouvantail, visent à bloquer le pouvoir d'achat des salariés, à contenir la demande globale afin d'obtenir, non pas un accroissement de la productivité, mais une redistribution de celle-ci en faveur du profit.

Certes, les travailleurs non qualifiés ou aux qualifications adaptées à des activités condamnées par la division internationale du travail sont perdants, non pas à cause de la baisse du salaire des actifs (grâce au Smic), mais à cause de la perte de ces emplois. La France et l'Europe peuvent non seulement faire en sorte que les gagnants dédommagent les perdants, mais peuvent également agir pour requalifier les perdants, pour en faire les gagnants de demain.

Ajoutons que la défense des salariés est d'abord entre les mains des salariés eux-mêmes. Là encore, l'enfer, ce n'est pas toujours les autres et il faut aussi désigner la faiblesse d'un syndicalisme incapable de s'unifier à l'échelle nationale, encore moins européenne, pour ne pas parler d'une nouvelle Internationale des travailleurs. Comme toujours, le

Capital a un temps d'avance et la mondialisation est d'abord une *Internationale du Capital*[55]. Est-ce une utopie de penser que demain la mondialisation pourrait être aussi celle des mouvements sociaux ?

55. P. Dockès, *L'internationale du capital*, PUF, Paris, 1975.

Régulation supranationale plutôt que protectionnisme

La mondialisation se fait aujourd'hui avec des institutions transnationales à la fois trop modestes et orientées seulement vers le libre jeu d'une concurrence « honnête ». Il manque une véritable régulation à l'échelle mondiale. Le risque est que, si une grave crise survient, la mauvaise solution s'impose, guerre commerciale et protectionnisme, et non la bonne, régulation supranationale. Ou qu'un recours à un protectionnisme excessif (non voulu, mais imposé par des rétorsions réciproques) précipite l'arrivée de cette crise.

Tensions sociales et fausses solutions

Depuis le début des années quatre-vingt-dix, l'Europe et la France ne sont plus gagnantes du fait de la mondialisation, l'intégration européenne n'est plus avantageuse pour les pays anciennement intégrés. Les taux de croissance sont en moyenne faibles, la productivité croît moins vite dans la vieille Europe que dans le reste du monde. Les salaires réels n'augmentent pas, sauf pour les surqualifiés. Les inégalités s'accroissent entre les salariés et les propriétaires d'actifs. Le chantage aux délocalisations se fait toujours plus pressant. Les réformes supposées nécessaires pour s'adapter à la concurrence internationale s'accumulent au détriment des plus défavorisés.

La vague de mondialisation et même l'intégration européenne risquent dès lors de venir buter sur les contraintes sociales et politiques. En ce qui concerne l'Europe, le non au référendum constitutionnel a été un avertissement, après d'autres. En ce qui concerne l'ouverture des économies, les mouvements antimondialisation ne sont que la pointe émergée d'un iceberg de mécontentement social et politique. Comme dans les années trente, le fossé se creuse entre classes sociales d'une part, entre la société civile et la classe politique d'autre part.

Le risque est alors de faire de la mondialisation le bouc émissaire. Or une rupture brutale de la mondialisation, comme dans les années trente, serait catastrophique et les contraintes socio-politiques qui peuvent y mener sont d'ores et déjà actives. Si l'Europe ne gagne plus au libre-échange, le protectionnisme risque de faire perdre beaucoup à tout le monde, et donc à l'Europe, dans la mesure où, comme dans l'histoire de l'apprenti sorcier, il peut devenir impossible de limiter le processus de fermeture et la guerre commerciale.

Certes l'histoire de la fin du XIXe siècle montre qu'une protection modérée peut n'être pas économiquement dommageable. Cependant cette hypothèse n'est pas envisageable pour la France seule ; si un protectionnisme européen est théoriquement jouable, cette stratégie est illusoire en l'absence d'une crise majeure : étant donnée la diversité des situations et des intérêts, on ne peut raisonnablement envisager qu'une majorité des pays membres (et l'unanimité !) puisse l'accepter, sauf très ponctuellement ; étant donné le niveau d'intégration mondiale déjà réalisé, tout retour au protectionnisme produirait une crise d'adaptation des activités exportatrices ; un protectionnisme défensif enchaînerait pour longtemps l'Europe dans des activités traditionnelles aux coûts comparatifs défavorables, finalement condamnées à terme ; enfin, le risque de la « montée aux extrêmes » par le jeu des rétorsions n'est pas négligeable.

Le protectionnisme européen est donc à la fois illusoire et pas dépourvu de dangers s'il conduit à privilégier le passé et à tourner le dos à l'avenir et, par un jeu de rétorsions, à un protectionnisme outré. Prenons l'exemple d'une entreprise comme Alstom. Elle est l'un des piliers de l'industrie lourde en France. Or, les deux tiers de ses salariés français produisent actuellement pour l'exportation. On imagine le résultat du protectionnisme qui ne manquerait pas de réduire drastiquement ces débouchés. Cela ne signifie pas qu'un tarif extérieur commun modéré ou un contrôle des flux de capitaux ne puisse s'avérer souhaitable si la situation devait s'aggraver. Que survienne une « grande crise », si les solutions coopératives – mise en place d'institutions supranationales de régulation – s'avéraient impossibles, si les États-Unis se convertissaient alors au protectionnisme, l'Europe ne pourrait faire l'erreur de l'Angleterre à la fin du XIXe siècle, soit rester ouvert dans un monde fermé.

Bloquer le *dumping* social et fiscal en Europe

Il n'est pas admissible que soit instituée au sein même de l'Europe une concurrence sociale et fiscale, surtout en matière d'impôt sur les entreprises et le capital. Elle n'est pas seulement le fait des « petits » ou des nouveaux européens. En moyenne, dans l'Europe des quinze, le taux moyen de l'impôt sur les sociétés a baissé de 23 % en dix ans.

L'Allemagne vient d'abaisser son taux d'imposition des entreprises[56] de 38,7 à 29,8 %. Elle est encore de 11 à 17 points au-dessus de l'Irlande, de la Slovaquie ou de la Hongrie. Mais elle renforce la pression sur l'Italie et la France qui forment le peloton de tête, malgré une forte baisse depuis 20 ans[57]. Ce n'est pas tant la différence entre les systèmes sociaux ou fiscaux qui pose problème que le processus. Lorsque la diversité est le fruit de l'histoire, elle a déjà été intégrée dans les économies nationales et

---

56. Taux d'imposition réel maximal sur les bénéfices, compte tenu des surtaxes, taxes professionnelles et impôts locaux moyens.
57. Italie 37,3, France 35,4, Espagne, Grèce, Malte 35, Pays-Bas 34,5, Autriche, Belgique 34, Luxembourg 30,4, Danemark, G.-B. 30, Finlande 29, Tchéquie, Suède 28, Portugal 27,5, UE (à 25) 27,4, Estonie 26, Slovénie 25, Pologne, Slovaquie 19, Hongrie 17,7, Chypre, Lettonie, Lituanie 15, Irlande 12,5. UE (à 15) 31,4.

les pays aux systèmes sociaux les plus avancés ne sont pas défavorisés, dès lors, dans la compétition internationale. Les résultats des pays nordiques le démontrent. En revanche, lorsque, au sein de l'Europe, il y a un pays qui abaisse sa protection sociale ou sa fiscalité sur les entreprises, cela crée une distorsion concurrentielle qui ne se comble ni facilement, ni rapidement (surtout quand il y a une monnaie commune qui bloque l'adaptation par le taux de change). Et ces distorsions entre des pays européens voisins à la fois par la géographie et la structure productive sont infiniment plus dommageables qu'avec des pays plus distants sous ces deux aspects (Saint Étienne, Le Cacheux, 2005).

Et l'on ne peut simplement décider d'unifier l'Europe sociale et fiscale. À nouveau, les intérêts, les traditions nationales sont trop divers. L'unification vers « le haut » est illusoire, elle ne serait pas acceptée par les pays les plus libéraux, tandis que vers « le bas », elle est inacceptable par les pays de tradition sociale-démocrate et dommageable pour l'économie européenne. Un compromis serait rejeté par tous !

En revanche, la compétition qui pousse chaque pays vers le « moins disant social et fiscal » est dommageable.

D'où cette proposition qui permet de mettre en œuvre un processus de convergence volontariste et d'éviter la concurrence institutionnelle. Il faut définir une norme européenne en matière fiscale et sociale. *Nul pays ne serait contraint de s'y conformer, ni même de s'en rapprocher ; en revanche, seules les réformes s'en rapprochant seraient acceptées, il serait interdit de s'en éloigner.* Ainsi, si la norme négociée pour la fiscalité réelle des entreprises était de 35 %, l'Allemagne n'aurait pas pu abaisser le sien au-dessous. Une telle solution est à la fois nécessaire, simple et possible ! Le fait qu'elle ne soit pas mise en œuvre est l'indice qu'il y a un choix implicite de l'Europe pour la détaxation des entreprises et du capital et pour l'abaissement de la protection sociale.

Réguler à l'échelle mondiale

Il ne faut donc pas toujours accuser « l'autre », la mondialisation n'est pas, en elle-même, un danger pour l'économie française. Elle n'est dangereuse que parce qu'elle est instrumentalisée pour mettre en œuvre des politiques d'adaptation à la baisse absurdes alors qu'il faut regarder vers l'avenir par la formation, l'enseignement supérieur et la recherche, l'innovation, les hautes qualifications, la flexibilité du système productif dans son ensemble. Mais dire que la France et l'Europe peuvent résister à la mondialisation ne signifie nullement que celle-ci soit satisfaisante. Il est regrettable que la régulation de l'économie mondiale soit si modeste.

Nous savons que dans de nombreux cas certains marchés libres supposés autorégulateurs ne sont pas efficients, que des *market failures* se produisent. Les cas classiques sont les monopoles naturels et les services publics. Nous savons aussi que ces marchés libres produisent de l'inégalité et qu'ils sont souvent instables, aboutissant à des crises. Le recours à l'État ou à des agences d'arbitrage admises par tous ou bénéficiant d'une délégation de l'État peuvent devenir nécessaires. À l'échelle mondiale, les risques d'une économie de marché non contrôlée sont encore accentués. Or il n'existe pas d'État supranational et la mise en place d'agences régulatrices s'avère plus difficile (ne serait-ce que parce qu'il faut l'accord ou la délégation de pouvoirs des différents États).

Ainsi un pays qui dispose d'une fraction importante d'une matière première ou d'une énergie peut profiter de la situation pour imposer des prix élevés et accroître sa rente de monopole (on peut penser au gaz russe). Certaines activités à coûts décroissants peuvent devenir de même le quasi-monopole d'une entreprise mondiale ou d'une nation avec les mêmes résultats. Le marché ne conduit pas à une production à un niveau satisfaisant de certains biens d'utilité publique – chaque fois qu'il y a des externalités positives, il en est ainsi de la santé ou de l'enseignement. En outre, la répartition de ces services publics est inefficace et injuste, laissant à l'écart des groupes sociaux et de vastes espaces au détriment de tous. Si l'Afrique n'est pas protégée contre la grippe aviaire, les conséquences peuvent devenir tragiques pour ses populations, mais aussi pour les autres pays.

La faiblesse ou l'absence d'une régulation volontariste peut engendrer des inégalités inter – ou intra – nationales, produire de la pauvreté extrême. Certes, depuis le début des années quatre-vingt-dix, nous l'avons vu, le processus d'accroissement des inégalités internationales entre le Nord et le Sud s'est inversé avec le rattrapage de la Chine, de l'Inde, du Brésil et, selon la Banque mondiale, le nombre de personnes vivant dans une pauvreté absolue s'est réduit de deux cents millions en vingt ans. L'analphabétisme recule, la durée de vie s'allonge même dans les pays restés sous-développés. Mais la misère de masse reste cependant une réalité dans les pays émergents et certains pays restent à la traîne, en Asie, en Amérique du Sud, et tout particulièrement en Afrique subsaharienne.

La situation des paysanneries de ces pays reste souvent tragique. Il est indispensable que l'agriculture vivrière puisse y être protégée des exportations subventionnées des pays développés. Les organisations internationales incitent les paysanneries des pays pauvres à produire les biens demandés par le marché mondial et à acheter les céréales dont leur existence dépend. Mais jouer le jeu du marché mondial est souvent impossible aux petits paysans qui n'ont souvent que des équipements rudimentaires et à qui il manque les informations nécessaires. Et ceux qui pratiquent des cultures de rente, qui produisent le coton, le café, le cacao ou les primeurs pour l'exportation, subissent le risque d'un effondrement des cours, surtout lorsqu'il survient après quelques bonnes années qui ont poussé à l'extension des cultures, à des investissements et à des emprunts.

La loi des marchés non régulés produit en effet de l'instabilité. Il faut particulièrement mentionner celle qui pèse sur les marchés de l'énergie, des matières premières, des produits alimentaires bruts et celle qui caractérise les marchés des capitaux. Non seulement les crises et les baisses de prix ruinent périodiquement les économies de pays pauvres trop spécialisées, mais le développement rapide des marchés mondiaux des capitaux risque de précipiter le monde dans la crise générale. Depuis des décennies tous les économistes responsables le répètent : il faut réguler ces marchés trop instables et introduire des limites aux déplacements des capitaux spéculatifs. Les *hedge funds* pèsent aujourd'hui 1 500 milliards de dollars et sont massivement financés par des prêts bancaires, d'où un risque-système ou « d'effet domino » considérable. Il est indispensable de leur imposer des règles prudentielles.

Sur le terrain industriel, la France et les pays de la « vieille Europe » ont des économies puissantes, une capacité à produire de la connaissance, du capital humain, des innovations, des positions solides à l'exportation. Ils doivent pouvoir résister à la Chine, à l'Inde, à l'Indonésie, au Brésil ou au Mexique. En revanche, la situation est plus difficile pour les anciens pays émergents – Taiwan, Corée du Sud – et pour nombre de pays en voie d'émergence – Vietnam ou Afrique du Nord – qui subissent aujourd'hui durement la concurrence des émergents de premier rang – Chine – sur leurs activités exportatrices. Ils risquent d'être pris en tenaille entre les grandes économies de l'Ouest et les grandes économies émergentes. Les pays qui tentent de sortir du sous-développement risquent davantage au libre-échange généralisé, aux flux de capitaux potentiellement instables car leurs industries sont encore « dans la petite enfance », très fragiles et directement concurrencées. Il faut tolérer que ces pays aident leurs exportations tout en protégeant leur économie domestique.

Si les pays du Nord doivent pouvoir résister au développement industriel de la Chine, ils peuvent aujourd'hui légitimement réclamer que celle-ci respecte les règles du *fair trade* et de la formation du taux de change. Si les grands pays récemment émergés veulent continuer à bénéficier durablement des avantages du libre-échange, il leur faut jouer le jeu, laisser libre cours à la concurrence des marchandises étrangères sur leurs marchés intérieurs, à une circulation encadrée des capitaux, laisser la valeur de leur monnaie s'élever au niveau que leur surplus d'exportation devrait produire (ce qui ferait baisser ces surplus), ne pas entraver le développement du marché intérieur ou, pire, recourir à du travail quasi-forcé. La montée des tentations protectionnistes au Nord devrait faire réfléchir la Chine. Certes, la guerre commerciale à base de rétorsions réciproques serait préjudiciable à tous (on verrait s'élever massivement les prix des produits industriels en Europe et aux États-Unis et baisser d'autant le pouvoir d'achat), mais elle est possible si la Chine et d'autres pays développés ne s'auto-disciplinent pas.

Il en va à l'échelle du monde comme à l'échelle nationale. Les marchés doivent être régulés, contrôlés. Mais si, au niveau de la nation, il y a l'État, au niveau mondial il n'y a encore que peu de choses. Certaines institutions n'ont qu'un rôle modeste comme l'UNICEF, l'UNCTAD, l'OIT ou la FAO, d'autres ont seulement pour rôle d'éviter les entorses flagrantes au *free trade* comme l'OMC et son organe de règlement des conflits commerciaux, d'autres se sont encore davantage engagées dans la défense et l'illustration du libéralisme à l'échelle mondiale comme la Banque mondiale ou le FMI. Il ne faut pas les critiquer en tant qu'organisations transnationales, mais critiquer soit leur insuffisance, soit leur orientation univoque. Ce sont en effet des germes d'une future régulation économique mondiale, comme le sont, dans leurs domaines, les institutions judiciaires mondiales (la Cour internationale de justice de La Haye) et l'ONU elle-même. Mais alors que la mondialisation marchande trouvait un second souffle au début des années quatre-vingt-dix, le processus d'internationalisation institutionnelle s'est essoufflé.

Joseph Stiglitz (Stiglitz, 2006) a raison d'appeler à la mise en place d'institutions régulatrices à l'échelle mondiale et à des actions concertées dans des domaines aussi essentiels que le réchauffement climatique, la dette des pays les plus pauvres ou la distribution des médicaments à leur population. Il ne s'agit pas d'une utopie. Un jour ou l'autre le processus de coordination institutionnalisé entre nations reprendra, sur des bases régulatrices. Ainsi, en matière de relations de travail, s'il est vain et d'ailleurs dangereux et injuste pour les pays pauvres de mettre à l'œuvre des normes mondiales, il est indispensable de baliser ce chemin de façon à éviter les pires exploitations. Un jour ou l'autre, et probablement, hélas, à l'occasion d'une grande crise, le choix risque de se poser d'un retour aux surenchères protectionnistes ou de la mise en place de procédures démocratiques de coordination économique et de normes diversifiées à l'échelle mondiale. La mondialisation seulement économique est une situation instable. Soit elle reculera comme elle l'a déjà fait par deux fois dans l'histoire, soit elle se dotera d'institutions capables de la réguler.

Il y a plus de deux siècles, Emmanuel Kant avait

prévu l'émergence du cosmopolitisme, d'une confédération mondiale des États, une « société des nations ». Ce qui s'est réalisé après la première guerre mondiale sous ce nom et ce qui a été rebâti après la seconde guerre mondiale n'en étaient qu'un bien pâle reflet, presque une caricature. Mais l'histoire n'est pas finie.

Le libre-échange ne garantit pas la paix

Il suffit de regarder autour de nous, depuis un quart de siècle, même s'il ne s'agit que de conflits localisés. Si la mondialisation et les guerres majeures sont en contradiction, ce n'est pas, principalement, parce que l'interdépendance multilatérale interdit les conflits majeurs, mais, inversement, parce que des tensions politiques extrêmes ne sont pas compatibles avec la mondialisation.

Le protectionnisme ne conduit pas nécessairement à la guerre, malgré les deux expériences tragiques du XXe siècle.

En effet, si les deux guerres mondiales ont été précédées de périodes protectionnistes (l'une modérée, l'autre extrême), si pendant la guerre froide l'Union soviétique et ses protectorats formaient un monde fermé, il faut ajouter que les responsables [58] de la guerre, chaude ou froide, n'étaient pas des démocraties. Un monde (modérément) protectionniste peut se construire entre des nations démocratiques sans que cela ne dégénère vers des tensions politiques voire pire. Si l'exacerbation du nationalisme tend à conduire à la fois au protectionnisme sur le terrain économique et à des conflits sur le terrain politique, la prise en compte des intérêts nationaux peut conduire des démocraties à se protéger légitimement sans que cela soit source de conflictualité politique.

Cela dit, il faut admettre que le protectionnisme *plus* le nationalisme *plus* l'absence de démocratie chez certains acteurs est un facteur de guerre et qu'en revanche le libre-échange *plus* le cosmopolitisme, *plus* la démocratie, est un facteur de paix. La seconde équation – en remplaçant cosmopolitisme par esprit européen – est le secret du succès de l'Europe. Il faut que les trois « cordons », économiques, idéologique et politiques, soient tressés pour que le lien pacificateur soit fort. S'ils sont en relation les uns avec les

58. Du moins les principaux responsables pour la première guerre mondiale.

autres, aucun n'est « déterminant en dernière instance ». Dès lors, quand on ne tient pas les trois « bouts », il faut commencer avec l'un d'entre eux, tout au moins ne pas en briser un. Ne peut-on espérer que le libre-échange favorise la communication entre les hommes, l'idéologie universaliste et la démocratie, du moins à long terme ? Nous devons surtout éviter que le protectionnisme renforce le nationalisme et contribue à fermer certains mondes sur eux-mêmes, sur des systèmes politiques despotiques, ou favorise la recherche de solutions par la force.

Aujourd'hui, nous assistons à une dialectique qui est à la fois source de risques et d'espoirs. Dans la mesure où la mondialisation appuyée sur les moyens modernes de communication développe les relations entre les hommes, les cultures et les civilisations, elle peut, dans un premier temps concourir à la montée des tensions. Certes la méconnaissance de l'autre peut être un facteur de guerre, mais ce n'est pas toujours le cas. Quand chacun est enfermé dans sa sphère, l'absence de relations peut limiter les conflits d'intérêt, l'ignorance mutuelle peut être favorable à la paix. Pour limiter les contacts dangereux, certaines tribus primitives se livraient à des « échanges silencieux », chacune déposant aux frontières des deux territoires les biens à échanger, sans se voir, sans se parler. Lorsque les contacts se nouent, la découverte d'autrui peut être une cause de conflits dans la mesure où ce que l'on découvre alors peut heurter profondément et la peur de l'autre se renforcer.

Mais dans un second temps, le commerce peut tisser des liens qui se renforcent progressivement. Au sens courant du mot aujourd'hui, le commerce peut créer des liens d'interdépendance économique. Au sens du XVIIIe siècle, le commerce s'élargit à l'ensemble des relations entre les hommes. L'un appuyant l'autre, nous pouvons espérer marier les cultures, sans les dissoudre. Les différences sont en effet essentielles. Sans elles, il n'y a pas d'énergie, et si les hommes ou les systèmes économiques étaient identiques, pourquoi y aurait-il entre eux un commerce au sens étroit comme au sens large ?

Cependant, comme c'est souvent le cas, la dimension positive semble moins cruciale que la négative : il ne s'agit donc pas tant des avantages que l'on peut escompter du développement des échanges que du risque qu'il y aurait aujourd'hui à briser l'intégration globale déjà réalisée. Nul n'y gagnerait. La crise économique qui secouerait l'économie mondiale serait violente tant le coût de l'adaptation qu'imposerait un retour à des économies autocentrées serait élevé.

Et, dans cette crise, les risques d'exacerbation des tensions politiques seraient également élevés. Pour le dire de façon imagée, nous avons fait les trois quarts du chemin et revenir en arrière serait beaucoup plus coûteux qu'avancer dans la voie de l'adaptation à une économie ouverte. C'est évidemment encore plus vrai de l'Europe. Si nous sommes embourbés, nous avons fait trop de chemin pour pouvoir revenir au souverainisme national sans devoir acquitter un prix exorbitant.

Cela ne signifie pas qu'il faille abandonner l'Europe et l'économie mondiale à la loi des marchés ! Au contraire, à l'échelle de la France, à l'échelle de l'Europe et à l'échelle mondiale, il faut développer des institutions qui réglementent et contrôlent ces marchés, tout particulièrement en ce qui concerne le développement des flux internationaux de capitaux. Le risque majeur étant d'ailleurs que le développement sans frein de cette sphère financière ne conduise à une crise qui précipiterait la fausse solution d'un protectionnisme radical, la rupture de la mondialisation produisant alors un scénario proche de celui des années trente.

S'il faut redonner des forces, un dynamisme innovateur à l'économie française, s'il faut améliorer le fonctionnement de l'économie mondiale par des institutions de régulation, il ne faut pas avoir peur de la mondialisation, mais craindre ceux qui l'agitent comme un épouvantail.

Nous avons mis l'accent ici sur nos faiblesses internes, mais les autres ont également leur part de responsabilité. Si nous voulons éviter le protectionnisme, quatre problèmes majeurs doivent trouver leur solution dans les années qui viennent. Quatre, comme les quatre pôles de l'économie mondiale et ils sont interconnectés.

Premier problème, celui de la Chine. Son excès d'épargne, la grande faiblesse de la consommation des chinois, a comme conséquence, pour la première fois dans l'histoire, qu'un pays de très grande dimension réussisse son émergence en se fondant essentiellement sur le marché extérieur puisque 75 % de la croissance chinoise vient du dynamisme de ses exportations. Ce ne fut pas le cas du Japon, de l'Allemagne, des États-Unis, de la France, pas même de l'Angleterre, contrairement à ce qui est souvent imaginé. Seuls de petits pays, souvent des villes-États, des économies insulaires avaient réussi par cette voie. Lorsqu'il s'agit d'un empire comme la Chine, l'économie mondiale en est bouleversée. Il est indispensable que la consommation des ménages chinois s'accroisse rapidement, qu'y soient mis en place des systèmes de sécurité sociale et de retraite, de soutien du niveau de vie des paysans et de la classe ouvrière. La réévaluation du yuan est un élément de cet indispensable retournement stratégique.

Les États-Unis posent un problème inverse de celui de la Chine puisque nous sommes en présence d'un double déficit d'épargne privée et publique qui produit nécessairement un déficit commercial considérable. À mesure que la Chine réduira son épargne au profit de la consommation, il faut que les États-Unis retrouvent un taux d'épargne privée suffisant et réduisent leurs déficits budgétaires. Il ne faudrait pas, cependant, que cette évolution anticipe celle de la Chine : il y aurait alors un risque d'excès d'épargne à l'échelle du monde, donc de crise mondiale puisque, aujourd'hui, la consommation des américains tire la croissance mondiale.

Troisième problème, celui du Japon. Ce pays a connu une décennie déflationniste, il commence à peine à en sortir. Il appuie aujourd'hui sa convalescence sur des taux d'intérêt très faibles, un yen toujours plus dévalué par rapport au dollar et à l'euro. Cette situation nourrit un excès de liquidités à l'échelle mondiale par l'intermédiaire du *carry trade* qui voit les financiers du monde entier emprunter au Japon pour spéculer sur les autres marchés. D'où la tendance à la formation de bulles immobilières et financières qui éclatent ici ou là, de plus en plus dangereusement pour le système global. Il faut que le Japon retrouve une croissance équilibrée légèrement inflationniste, que les revenus des salariés soient fortement relevés, que ces spéculations soient brisées y compris par des politiques de change concertées, que les taux d'intérêt puissent retrouver un niveau raisonnable.

Le dernier défi est celui auquel l'Europe est confrontée, celle de la zone euro essentiellement. Il faut le redire avec force au moment de conclure, car il y va de notre avenir collectif, celui de l'Europe, mais aussi celui du monde. L'Europe doit retrouver les chemins d'une croissance soutenue, autour de 3,5 %. Cela suppose qu'elle se dote d'une instance de coopération, une institution centrale de gouvernance munie de pouvoirs et de moyens importants. Capable donc de mettre en œuvre une politique économique d'expansion à l'échelle continentale, volontariste, à l'opposé des concurrences sociales et fiscales actuelles. Une stratégie neuve, fondée sur la recherche, l'innovation, cette stratégie de Lisbonne qui n'est restée, faute d'un tel levier, qu'un beau thème de discours.

Bibliographie

AGHION (Philippe), COHEN (Élie), PISANI-FERRY (Jean), *Politique économique et croissance en Europe*, Rapport CAE 2005, La documentation française, Paris, 2006.

AGLIETTA (Michel), LANDRY (Yves), *La Chine vers la superpuissance*, Économica, Paris, 2007.

AGLIETTA (Michel), BERREBI (Laurent), *Désordre dans le capitalisme mondial*, O. Jacob, Paris, 2007.

ARTUS (Patrick), VIRARD (Marie-Paule), *Le Capitalisme est-il en train de s'autodétruire ?*, La Découverte, Paris, 2005.

ARTHUIS (Jean), *Incidence économique et fiscale des délocalisations*, Rapport du Sénat, n°337, 1993.

AUBERT (Patrick) et SILLARD (Patrick), « Délocalisations et réductions d'effectifs dans l'industrie française », *in* : Insee, *L'économie française : comptes et dossiers*, Insee – Référence, éditions 2005-2006.

BAIROCH (Paul), *Mythes et paradoxes de l'histoire économique*, La Découverte, Paris, 1994.

BANISTER (John), « Manufacturing Employment in China », *Monthly Labor Review*, juillet 2005.

BERGER (Suzanne), *Notre première mondialisation : leçons d'un échec oublié*, Seuil, Paris, 2003.

BHAGWATI (Jagdish), *Why Free Capital Mobility may be Hazardous to your Health : Lessons from the Latest Financial Crisis*, NBER Conference on Capital Controls, Cambridge (Mass.), novembre 1998.

BORDO (Michael D.), EICHENGREEN (Barry) et IRWIN (Douglas A.), « Is Globalization Today Really Different than Globalization a Hundred Years Ago ? », dans COLLINS (S.) et LAWRENCE (R. Z.) [eds], Brookings Trade Forum, Washington D.C. : Brookings Institution, 1999.

BRENDER (Anton), *La France face à la mondialisation*, La Découverte, Paris, 2002.

CAMDESSUS (Michel), *Le Sursaut vers une nouvelle croissance pour la France*, La Documentation française, 2004.

CARTAPANIS (André), « Crises systémiques et nouvelles régulations financières », dans DOCKÈS (Pierre) [éd.], *Ordre et désordres dans l'économie-monde*, PUF, Paris, 2002.

La France en transition, 1993-2005, rapport du CERC, n° 7, 2006.

COHEN (Daniel), *La Mondialisation et ses ennemis*, Grasset, Paris, 2004.

COHEN (Daniel), *Trois leçons sur la société post-industrielle*, Seuil, Paris, 2006.

COHEN (Philippe) et RICHARD (Luc), *La Chine sera-t-elle notre cauchemar : les dégâts du libéral-communisme en Chine et dans le monde*, Mille et une nuits, Paris, 2005.

La France puissance industrielle : une nouvelle politique industrielle pour les territoires, DATAR, 2004.

DAVIS (Donald R.) et WEINSTEIN (David E.), « Economic Geography and Regional Production Structure : An Empirical Investigation », *European Economic Review*, février 1999.

DAVIS (Donald R.), « The Home Market, Trade, and Industrial Structure », *American Economic Review*, décembre 1998.

Délocalisations, la peur n'est pas une solution, rapport ACFCI, novembre 2005.

DENIS (Cécile), MC MORROW (Kieran), RÖGER (Werner), « Globalization : Trends, Issues ans Macro Implications for the EU », *Economic Papers, European Economy*, European Commission, n° 254, juillet 2006.

DOCKÈS (Pierre) [éd.], *Ordre et désordres dans l'économie-monde*, PUF, Paris, 2002.

FAINI (Riccardo), DE MELO (Jaime), ZIMMERMAN (Klaus) [eds], *Migration : The Controversies and the Evidence*, Cambridge, C.U.P., 1999.

FEENSTRA (Robert), « How costly is Protectionism ? », *Journal of Economic Perspective*, été 1992.

FITOUSSI (Jean-Paul), LE CACHEUX (Jacques), *L'état de l'Union européenne*, Fayard, Presses de Sciences Po, Paris, 2005.

FLAM (Harry), FLANDERS (M. June), *Heckscher-Ohlin Trade Theory*, Cambridge, C. U.P., 1991.

FONTAGNÉ (Lionel), *L'Insertion de l'industrie française dans la division internationale du travail : situation et perspectives*, CEPII-CIREM, Rapport pour la D.G.C de la Commision européenne, 2004.

FONTAGNÉ (Lionel), LORENZI (Jean-Hervé), *Désindustrialisation, délocalisations*, Rapport CAE, La Documentation française, Paris, 2005.

GUILLAUME (Marc) [sous la direction de], *Économie de la santé : une réforme ? non, une révolution !*, Cahier du Cercle des économistes, n° 6, juin 2004.

KINDLEBERGER (Charles P.), « The Rise of Free Trade in Western Europe, 1820-1875 », *Journal of Economic History*, 1975, 35, pp. 20-55.

KRUGMAN (Paul), *Pop Internationalism*, Cambridge, The MIT Press, 1997. Traduction de *La Mondialisation n'est pas coupable*, La Découverte, 1998.

LEAMER (Edward), « In Search of Stolper-Samuelson Effects on US Wages », *NBER Working Paper*, n° 5427, 1995.

LUCAS (Robert E.), « Why Doesn't Capital Flow from Rich to Poor Countries », *American Economic Review Papers and Proceedings*, 1990, 80, pp. 92-96.

MARTIN (Philippe), MAYER (Thierry), THOENIG (Mathias), *La Mondialisation est-elle un facteur de paix*, coll. « Cepremap », éd. rue d'Ulm, 2006.

MARX (Karl), *Manifeste du Parti communiste*, dans *Œuvres*, Gallimard, Paris, 1963, 1848 a.

MARX (Karl), *Discours sur le libre-échange*, dans *Œuvres*, Gallimard, Paris, 1963, 1848 b.

MARX (Karl), *Critique du programme du parti ouvrier* (programme de Gotha), dans *Œuvres*, Gallimard, Paris, 1963, 1875.

MASSEY (Douglas S.), « Mondialisation et migrations, l'exemple des Etats-Unis », *Futuribles*, mars 2003.

MC CALLUM (John), « National Borders Matters : Canada-US Regional Trade Patterns », *American Economic Review*, 1995, 41, pp. 581-589.

MICHALET (Charles-Albert), *Qu'est-ce que la mondialisation ? : petit traité à l'usage de ceux et celles qui ne savent pas encore s'il faut être pour ou contre*, La Découverte, Paris, 2002.

MISTRAL (Jacques) et SALZMANN (Bernard), « La Préférence pour l'inégalité », *En Temps réel, Les Cahiers*, n° 25, février 2006.

MONTESQUIEU (Charles Louis de Secondat, baron de La Brède et de), *De l'Esprit des lois*, dans *Œuvres complètes*, Seuil, Paris, 1964, p. 528-795.

« La Compétitivité française en 2006 », doc. REXECODE, décembre 2006.

RODRIK (Dani), « How Far Will International Economic Integration Go ? », *Journal of Economic Perspectives*, hiver 2000, volume 14, n° 1, pp. 177-186.

ROWTHORN (Robert E.) et RAMASWAMY (Ramana), « Growth, Trade and Deindustrialization », *IMF Working Paper*, n° WP/98/60, 1998.

SAINT-ÉTIENNE (Christian) et LE CACHEUX (Jacques), *Croissance équitable et concurrence fiscale*, Rapport du Conseil d'analyse économique, n° 56, La Documentation française, Paris, octobre 2005.

SIROËN (Jean-Marc), « L'État-nation survivra-t-il à la mondialisation », dans Kebabdjian (Gérard) [éd.], *Économie Politique Internationale*, La Découverte, Paris, 2005.

STIGLITZ (Joseph), *Making Globalization Work*, New-York, Norton, 2006.